주제별 G.B.S. 시리즈

관찰, 해석, 묵상, 적용을 통해
주님과 교통하는
6주 Q.T. 훈련 교재

프리셉트

큐티 학교

· 김경섭 지음 ·

묵상하는사람들
프리셉트

:: 서문

그동안 한국 교회에서는 개인 큐티의 중요성이 다양하게 강조되어 왔습니다. 하지만 큐티를 지속적으로 그리고 역동성 있게 행하는 성도들은 그리 많지 않습니다.

본 교재는 큐티를 잘할 수 있도록 훈련하고 교육할 수 있도록 편찬된 워크북입니다. 교회에서 소그룹 또는 대그룹으로 큐티를 훈련하고자 하는 분들은 이 교재를 충분히 연구해서 진행하면 큰 도움이 될 것입니다. 특별히 프리셉트에서 편찬한 『큐티합시다』(오대희 지음)를 읽도록 과제를 주고 훈련을 진행하면 금상첨화가 될 것입니다.

본 교재는 프리셉트에서 발간한 격월 묵상집 『묵상하는 사람들』을 효과적으로 활용하도록 안내하기 위하여 편찬되었습니다. 하지만 어떤 큐티 교재를 사용한다 하더라도 본 교재로 성도들이 큐티 훈련을 하면, 큐티가 개인의 삶에 정착하는 데 큰 도움이 되리라 확신합니다. 또한 프리셉트에서 발간한 『수험생 100일 묵상』, 『입시생을 위한 60일 묵상』, 『Q.T 첫 걸음』, 어린이를 위한 『나의 사랑하는 성경』 등을 활용해서 큐티를 하면 더 큰 성과가 있을 것입니다.

아무쪼록 이 교재로 성도들이 큐티를 훈련함으로써 인도자와 참여자 모두 큐티를 생활화하는 데 큰 도움이 되기를 간절히 소망합니다.

프리셉트성경연구원 원장
죽전 · 광교 안디옥교회 담임목사
김 경 섭

:: 차례

1

큐티(경건의 시간)란 무엇일까요?

암송말씀

새벽 아직도 밝기 전에 예수께서 일어나 나가 한적한 곳으로 가사 거기서 기도하시더니_마가복음 1:35

A. 마음 나누기

1. 자신의 이름을 소개하되 회원들이 쉽게 기억하도록 풀이해서 말씀해 주세요(예: "200m 단거리 선수 이단수입니다"). 그리고 순서대로 다음 사항을 나눕니다. 모든 참여자는 들은 내용을 이곳에 간단히 기록합니다.

성명	뜻풀이	나이	가족사항	직업/기타

2. 지난 주간 가장 감사한 일은 무엇입니까?

3. 그동안 큐티를 어떻게 해 오셨습니까? 어떤 기대를 하고 '큐티 학교'에 오게 되었는지 함께 나누어 보십시오.

4. 기도제목을 나누고 여기에 기록해 보십시오.

성명	기도제목

5. 오늘은 첫날이므로 예습 없이 진행합니다. 그래서 다른 과에 비해서 분량이 적습니다. 인도자의 요청에 따라 함께 또는 개별적으로 읽어가면서 진행하되, 오늘 1과를 모두 마치도록 합니다.

B. 큐티란?

1. 큐티의 정의

'큐티'(Q.T.)는 '콰이어트 타임'(Quiet Time)의 약자로, '경건의 시간'이라고 일컬어집니다. 즉, 하나님과 조용히 교제하는 시간이며 하나님의 말씀에 귀를 기울여 듣고 그 말씀을 마음에 적용하는 시간입니다.

성도는 이 시간을 통해, 성경 말씀 속에서 하나님의 음성을 듣고 삶으로 실천하는 변화의 계기를 갖습니다.

성도는 하루 중 일정 시간을 분리하여 큐티를 함으로써, 하나님과 밀도 높은 교제의 시간을 가지게 되며 하나님의 임재를 경험합니다.

성도는 큐티를 통해서, 하나님의 말씀 앞에 자신의 이기심과 욕망을 내려놓고 순종하는 삶을 체험합니다.

성도는 큐티를 통해서, 말씀에 기초한 기도의 능력을 덧입습니다.

성도는 매일매일 큐티를 함으로써, 말씀의 지배를 받는 삶을 살며 그리스도의 참된 제자의 삶을 형성해 나갑니다.

1) 큐티는 하나님이 주시는 ________을 마음 깊이 듣고 묵상하는 시간이며, 주의 말씀을 간절히 사모하며 주 앞에 나아가는 시간입니다.

81나의 영혼이 주의 구원을 사모하기에 피곤하오나 나는 주의 말씀
을 바라나이다
82나의 말이 주께서 언제나 나를 안위하실까 하면서 내 눈이 주의 말
씀을 바라기에 피곤하니이다 〈시편 119:81-82〉

그러므로 믿음은 들음에서 나며 들음은 그리스도의 말씀으로 말미암았느니라 〈로마서 10:17〉

2) 큐티는 하나님과 영적으로 교통하며 ______을 가지는 시간입니다.

우리가 보고 들은 바를 너희에게도 전함은 너희로 우리와 사귐이 있게 하려 함이니 우리의 사귐은 아버지와 그의 아들 예수 그리스도와 더불어 누림이라 〈요한일서 1:3〉

3) 큐티는 매일 말씀에 기초해서 하나님 앞에 ______로 나아가는 시간입니다.

새벽 아직도 밝기 전에 예수께서 일어나 나가 한적한 곳으로 가사 거기서 기도하시더니 〈마가복음 1:35〉

4) 큐티는 하루 중 일상적인 사역과 업무에서 떠나 오직 하나님의 말씀을 ______에 새기는 시간입니다.

6오늘 내가 네게 명하는 이 말씀을 너는 마음에 새기고
7네 자녀에게 부지런히 가르치며 집에 앉았을 때에든지 길을 갈 때

에든지 누워 있을 때에든지 일어날 때에든지 이 말씀을 강론할 것이며 〈신명기 6:6-7〉

5) 큐티를 통해 묵상하고 마음판에 새긴 말씀은 삶 속에서 실천해야 합니다. 실천하기 위해 노력하고 헌신할 때, 우리의 삶에는 놀라운 열매가 맺힙니다. 하나님은 우리가 단지 하나님의 말씀을 들을 뿐만 아니라 ________하는 것을 중요하게 여기십니다.

그러므로 누구든지 나의 이 말을 듣고 행하는 자는 그 집을 반석 위에 지은 지혜로운 사람 같으리니 〈마태복음 7:24〉

C. 큐티의 유래

1. 예수님

예수님께서 회당에서 말씀을 증거하시던 어느 날이었습니다. 제자 시몬 베드로의 장모가 열병으로 고생하고 있다는 말을 들으셨습니다. 예수님은 당장 그 집으로 심방을 가셔서 그녀를 열병으로부터 깨끗이 고쳐 주셨습니다. 고침을 받은 그녀는 이후 예수님과 그 일행을 돕는 사역을 감당하였습니다. 그날 저녁, 이 소식이 알려지자 많은 병자와 귀신 들린 자가 구름 떼처럼 베드로의 장모 집에 모여들었습니다. 예수님은 이들을 일일이 고쳐 주셨고 귀신을 쫓아 주셨습니다. 이 일로 예수님은 얼마나 고단하셨겠습니까! 그런데 예수님은 그 이튿날 새벽, 아직 밝기도 전에 일어나셔서 밖으로 나가 한적한 곳으로 가셔서 기도하셨습니다.

> 새벽 아직도 밝기 전에 예수께서 일어나 나가 한적한 곳으로 가사 거기서 기도하시더니 〈마가복음 1:35〉

> 예수께서 들으시고 배를 타고 떠나사 따로 빈 들에 가시니 무리가 듣고 여러 고을로부터 걸어서 따라간지라 〈마태복음 14:13〉

> 예수는 물러가사 한적한 곳에서 기도하시니라 〈누가복음 5:16〉

예수님의 삶에서 우리는 큐티의 원형을 발견합니다.

2. 구약 시대

하나님은 이스라엘 백성을 이끌고 가나안 진군 작전을 수행해야 하는 여호수아 장군에게 이렇게 명령하셨습니다.

> 7오직 강하고 극히 담대하여 나의 종 모세가 네게 명령한 그 율법을
> 다 지켜 행하고 우로나 좌로나 치우치지 말라 그리하면 어디로 가
> 든지 형통하리니
> 8이 율법책을 네 입에서 떠나지 말게 하며 주야로 그것을 묵상하여
> 그 안에 기록된 대로 다 지켜 행하라 그리하면 네 길이 평탄하게
> 될 것이며 네가 형통하리라 〈여호수아 1:7–8〉

이 말씀 안에는 '말씀 읽기, 묵상하기, 행하기, 큐티의 결과' 등 큐티의 요소들이 모두 들어 있습니다. 하나님은 여호수아에게 가나안 땅을 점령하는 행동을 개시하기 전에 먼저 큐티할 것을 명하신 것입니다. 구약 시대에 믿음의 조상들은 꾸준히 큐티하는 삶을 살았습니다.

다음 본문을 읽고 말씀 묵상과 큐티에 관련된 문장에 파란색 색연필로 밑줄을 그으십시오.

창세기 24:63

이삭이 저물 때에 들에 나가 묵상하다가 눈을 들어 보매 낙타들이
오는지라

신명기 6:4–9

4이스라엘아 들으라 우리 하나님 여호와는 오직 유일한 여호와이

시니
5너는 마음을 다하고 뜻을 다하고 힘을 다하여 네 하나님 여호와
를 사랑하라
6오늘 내가 네게 명하는 이 말씀을 너는 마음에 새기고
7네 자녀에게 부지런히 가르치며 집에 앉았을 때에든지 길을 갈
때에든지 누워 있을 때에든지 일어날 때에든지 이 말씀을 강론
할 것이며
8너는 또 그것을 네 손목에 매어 기호를 삼으며 네 미간에 붙여
표로 삼고
9또 네 집 문설주와 바깥 문에 기록할지니라

신명기 11:13-21

13내가 오늘 너희에게 명하는 내 명령을 너희가 만일 청종하고 너
희의 하나님 여호와를 사랑하여 마음을 다하고 뜻을 다하여 섬
기면
14여호와께서 너희의 땅에 이른 비, 늦은 비를 적당한 때에 내리
시리니 너희가 곡식과 포도주와 기름을 얻을 것이요
15또 가축을 위하여 들에 풀이 나게 하시리니 네가 먹고 배부를
것이라
16너희는 스스로 삼가라 두렵건대 마음에 미혹하여 돌이켜 다른
신들을 섬기며 그것에게 절하므로
17여호와께서 너희에게 진노하사 하늘을 닫아 비를 내리지 아니
하여 땅이 소산을 내지 않게 하시므로 너희가 여호와께서 주신
아름다운 땅에서 속히 멸망할까 하노라
18이러므로 너희는 나의 이 말을 너희의 마음과 뜻에 두고 또 그
것을 너희의 손목에 매어 기호를 삼고 너희 미간에 붙여 표를
삼으며
19또 그것을 너희의 자녀에게 가르치며 집에 앉아 있을 때에든지,
길을 갈 때에든지, 누워 있을 때에든지, 일어날 때에든지 이 말

씀을 강론하고
20또 네 집 문설주와 바깥 문에 기록하라
21그리하면 여호와께서 너희 조상들에게 주리라고 맹세하신 땅에
서 너희의 날과 너희의 자녀의 날이 많아서 하늘이 땅을 덮는
날과 같으리라

시편 63:6-7
6내가 나의 침상에서 주를 기억하며 새벽에 주의 말씀을 작은 소
리로 읊조릴 때에 하오리니
7주는 나의 도움이 되셨음이라 내가 주의 날개 그늘에서 즐겁게
부르리이다

시편 119:148
주의 말씀을 조용히 읊조리려고 내가 새벽녘에 눈을 떴나이다

사무엘상 3:10-14
10여호와께서 임하여 서서 전과 같이 사무엘아 사무엘아 부르시
는지라 사무엘이 이르되 말씀하옵소서 주의 종이 듣겠나이다
하니
11여호와께서 사무엘에게 이르시되 보라 내가 이스라엘 중에 한
일을 행하리니 그것을 듣는 자마다 두 귀가 울리리라
12내가 엘리의 집에 대하여 말한 것을 처음부터 끝까지 그 날에
그에게 다 이루리라
13내가 그의 집을 영원토록 심판하겠다고 그에게 말한 것은 그가
아는 죄악 때문이니 이는 그가 자기의 아들들이 저주를 자청하
되 금하지 아니하였음이니라
14그러므로 내가 엘리의 집에 대하여 맹세하기를 엘리 집의 죄악
은 제물로나 예물로나 영원히 속죄함을 받지 못하리라 하였노
라 하셨더라

3. 신약 시대 이후

예수님의 제자들인 사도들도 말씀 묵상을 소중히 여기고 실천하였습니다.

13내가 이를 때까지 읽는 것과 권하는 것과 가르치는 것에 전념하라
14네 속에 있는 은사 곧 장로의 회에서 안수 받을 때에 예언을 통하
여 받은 것을 가볍게 여기지 말며
15이 모든 일에 전심 전력하여 너의 성숙함을 모든 사람에게 나타나
게 하라
16네가 네 자신과 가르침을 살펴 이 일을 계속하라 이것을 행함으로
네 자신과 네게 듣는 자를 구원하리라 〈디모데전서 4:13-16〉

교부 시대에 이르러서 알렉산드리아의 교부 오리겐(Origen)은 '거룩한 독서'라고 하는 말씀 묵상 방법을 개발하여 발전시켰고, 제롬(Jerome)은 성경을 여러 차례 읽으면서 마음에 와 닿는 말씀들을 모아서 『말씀 묵상집』을 편찬하여 집중적으로 묵상하는 삶을 강조하였습니다.[주1)]

중세 시대에는 경건한 수도사들이 수도원에 모여서 평생을 말씀 묵상과 성경필사에 집중하는 삶을 살기도 하였습니다.

4. 근대 이후

근대에 이르러서 큐티 운동은 1882년 영국 케임브리지 대학에서 후퍼(Hooper)와 소튼(Thorton) 등 7인의 학생들이 일으켰던 경건 운동에서 시작

되었습니다. 그들은 그리스도인이었음에도 불구하고 자신들이 세속적인 생각들로 가득 차 있음을 발견하고 하루 중 일정 시간을 말씀 묵상과 기도로 보내는 영적 훈련을 감당하였습니다. 뿐만 아니라 이 훈련이 다른 사람들 가운데서도 일어나기를 소망하면서 '경건의 시간을 기억하자'라는 슬로건을 외쳤습니다. 이후 그들은 중국 선교사로 헌신하였고 평생 하나님의 사역을 감당해 갔습니다. 시간이 흘러 여러 단체에서 큐티를 경건 훈련의 중요한 도구로 여기에 되었습니다.

우리나라에서는 1965년경부터 U.B.F.(대학생성경읽기선교회)를 필두로 하여 큐티지를 발간하기 시작하였고, 오늘날에는 『묵상하는 사람들』(프리셉트), 『매일성경』(성서유니온), 『생명의 삶』(두란노) 등 여러 기관에서 큐티지를 발행하고 있습니다.

D. 이번 6주 동안 큐티 학교에 참여하면서 큐티를 잘 배우기 위해 다음의 사항을 결의하십시오.

〈큐티 학교 결의서〉

1. 본인은 6주 동안 큐티 학교에서 배운 내용에 따라 매일매일 충실히 큐티를 하기로 결의합니다.

2. 본인은 다음 과를 잘 배우기 위해 충실히 예습하고자 합니다.

3. 본인은 큐티 학교에서 나눔에 원활하게 참여하기 위하여, 일주일 중 하루분은 큐티 학교 예습 중 실습 과제 내용으로 충실하게 큐티를 하겠습니다.

4. 본인은 주로 _____시에 __________(장소)에서 가능한 한 매일 큐티를 20분 이상 하겠습니다.

20　　년　　월　　일

성명 ___________ sign

E. 나눔을 위한 질문

1. 큐티의 정의로 보건대, 큐티란 무엇입니까?

   1) 말씀을 묵상하기

   2) 하나님과 영적 ________ 을 갖기

   3) 말씀에 기초한 기도

   4) ________ 판에 새김

   5) 말씀을 실천하기

2. 큐티는 역사적으로 어떻게 이루어졌습니까?

F. 다음 주를 위한 준비사항

1. 『묵상하는 사람들』 또는 '큐티 안내지'로 매일 20분 이상씩 큐티를 하십시오. 그리고 하루분은 부록에 첨부한 「묵상하는 사람들 I」(요 1:1-18) 말씀으로 '큐티 소감문'(깨달은 점, 느낀 점, 적용점 등)을 A4 용지 한 페이지 이내로 기록해 오기로 합니다.

2. 2과를 충분히 예습하기로 합니다.

G. 점검하기

1. 오늘 말씀 암송하기

2. 의문점 질문하기

3. 다음 주 예습과제 살펴보기

4. 예습을 위한 격려 말씀

5. 개인 기도제목 나누기

6. 돌림기도 또는 통성기도하기

H. 큐티 소감문 견본[주2)]

사랑 외에는 방법이 없다
(마가복음 12:28-34)

내용 관찰

예수님은 모든 계명 중 첫 번째로 마음과 목숨과 뜻과 힘을 다해 하나님을 사랑하고, 이웃을 자신과 같이 사랑하라고 하셨다. 그리고 이를 실천하는 것이 어떤 제물보다 낫다고 말씀하셨다.

깊은 묵상

1. 예수님은 왜 "네 이웃을 네 자신과 같이 사랑하는 것보다 더 큰 계명은 없다"라고 하셨을까요?

네 이웃을 네 자신과 같이 사랑하라고 하신 말씀 안에는 '간음하지 말라', '살인하지 말라', '도둑질하지 말라', '탐내지 말라'는 계명이 모두 들어 있기 때문이다. 즉, 사랑은 이웃에게 악을 행하지 않는 것이므로, 율법의 완성이라고 할 수 있다. 예수님은 그 무엇보다 사랑이 중요함을 강조하시며 사랑하기를 명하셨다.

2. 예수님은 왜 하나님 사랑을 이웃 사랑 앞에 두셨을까요?

사랑은 하나님께 속한 것으로, 사랑하는 자마다 하나님으로부터 나서 하나님을 알고 결국 사랑을 이룰 수 있다. 사랑하지 않는 자는 하나님을 알지 못하니, 이는 결국 사랑도 알지 못하는 것이다. 하나님 사랑을 온전히 체험하고 하나님을 사랑하지 않으면 결국 이웃 사랑도 온전히 이룰 수 없다. 인간은 불완전하기 때문에 누군가를 끝까지 온전하게 사랑할 수 없는 존재다. 인간은 오직 하나님의 은혜로 사랑을 완성할 수 있다.

느낀 점

사랑이 얼마다 대단한 힘을 지니고 있는지는 굳이 거창한 글귀를 동원하지 않더라도 모두 알고 있다. 얽히고설켜 보이는 것도, 복잡하게 꼬인 것도 멀찍이 떨어져 사랑의 눈으로 바라보면 다른 각도로 보인다. 정말 사랑은 허다한 죄와 허물을 눈 녹듯이 녹인다. 세상의 어떤 것이 이런 일을 할 수 있을까? 사랑 외에는 없다.

하지만 어리석고 부족한 인간인 나는 가야 할 길을 피하기도 하고 멀리 돌아서 가기도 한다. 사랑하려고 하면 할수록 더욱 사랑하는 것이 힘들고 어려워 좌절하기도 한다. 결국 나는 두 손 두 발 다 들고 주님께 항복할 수밖에 없다. 그래서 나는 말한다. "주님, 불쌍한 자녀를 만져 주심으로 불편한 사람들을 사랑할 수 있도록 은혜를 주세요." 인생의 문제로 인해 답답해질 때마다 주님께 전적으로 의지할 수밖에 없다. 주님께서 공급해 주시는 사랑의 힘에 의지할 수밖에 없다.

결단과 적용

1. 지금 내 옆에 있는 사람이 진심으로 잘되기를 기도하자.
2. 교회 안에는 사랑하기 힘든 지체들이 있다. 그들을 내 몸처럼 사랑할 수 있도록 주님께 은혜를 구하고, 오늘은 그들에게 성경 말씀을 문자로 보내 은혜를 나눔으로 조금씩 다가서야겠다.

2

큐티는 왜 해야 할까요?

암송말씀

골수와 기름진 것을 먹음과 같이 나의 영혼이 만족할 것이라
나의 입이 기쁜 입술로 주를 찬송하되_시편 63:5

A. 마음 나누기

1. 지난주 『묵상하는 사람들』 또는 '큐티 안내지'로 매일 묵상하셨습니까? 하루 중 언제 어디에서 하셨습니까?

2. 부록에 첨부한 「묵상하는 사람들 I」(요 1:1-18) 말씀으로 '큐티 소감문'(깨달은 점, 느낀 점, 적용점 등)을 A4 용지 한 페이지 이내로 기록해 오

기로 하였습니다. 2-3명을 한 조로 만들어 발표해 볼까요? 조별로 우수 작품을 선정해서 전체 앞에서 발표하기로 합니다.

3. 큐티를 하면서 가장 좋았던 점은 무엇이며, 어려웠던 점은 무엇입니까?

B. 큐티의 유익

큐티는 왜 해야 할까요? 큐티에 관해 여러 가지 오해가 있습니다. 대부분의 사람이 큐티를 하루도 빼먹지 않고 매일같이 해야 하는 율법적 의식으로 여깁니다. 불가피하게 아침에 큐티를 하지 못해서 예기치 않은 사고를 경험하게 되면 이렇게 단정 짓습니다.

'오늘 큐티를 못했더니 하나님이 어쩌면 그렇게 정확히 아시고 나를 치실까! 큐티 빼먹은 죄가 이렇게 클 줄 누가 알았겠어!'

이런 경험을 하다 보면, 큐티를 아침에 서둘러서라도 어떻게든 해야 하는 일로 생각할 수 있습니다. 그래서 하루에 겨우 5-10분 만에 번개 치듯이 해 버리기 쉽습니다.

여기서 우리는 궁금한 점이 있습니다. "큐티는 왜 해야 할까요?" "큐티를 할 때 과연 어떤 유익이 있을까요?"[주1)]

1. 하나님의 말씀으로 진지하게 큐티할 때, 우리는 매일의 삶에서 하나님의 인도를 받을 수 있습니다.

1) 주의 말씀은 내 발에 ________이요 내 길에 ________입니다.

주의 말씀은 내 발에 등이요 내 길에 빛이니이다 〈시편 119:105〉

2) 주의 말씀은 ________을 비추어 우둔한 사람을 깨닫게 합니다.

주의 말씀을 열면 빛이 비치어 우둔한 사람들을 깨닫게 하나이다
〈시편 119:130〉

YWAM의 영향력 있는 지도자인 폴 홉킨스(Paul Hopkins)는 언젠가 강의 중에, 매일 읽는 성경 말씀을 통해 하나님의 음성을 듣는다고 증언하였습니다. 만약 자신이 그날 성경 읽기를 건너뛰었더라면 하나님의 음성을 듣지 못했을 것이라고 고백하였습니다. 조이 도우슨(Joy Dawson) 여사도 우리가 하나님의 음성을 듣지 못하는 이유 중 하나로 '그날 해당하는 성경 말씀을 건너뛰고 읽지 않은 것'이라고 하였습니다.[주2)]

성도가 하나님의 말씀으로 매일매일 큐티를 할 때, 하나님의 인도를 받으며 하나님의 음성을 듣습니다. 또한 성경 말씀을 통해 하나님의 뜻을 밝히 깨닫는 축복을 받습니다.

2. 우리가 매일매일 말씀을 묵상할 때, 우리의 영혼은 하나님의 말씀을 먹고 자라 가게 됩니다. 즉, 큐티는 우리의 영혼을 자라게 하고 영적으로 성장케 하는 밑거름이 됩니다.

오직 사랑 안에서 참된 것을 하여 범사에 그에게까지 ______________
그는 머리니 곧 그리스도라 〈에베소서 4:15〉

오직 우리 주 곧 구주 예수 그리스도의 은혜와 그를 아는 지식에서 ____ __________ 〈베드로후서 3:18上〉

많은 그리스도인이 무늬만 그리스도인의 옷을 입고, 세상 사람의 마음을 가지고 살아갑니다. 인격의 변화와 신앙의 성장 없이 주말에 교회 생활을 열심히 합니다. 그렇게 세월을 지내다 보면 어느덧 교회의 중직자가 되어 버립니다. 아무 변화와 성장 없이 교회의 중직자가 되는 것은 교회 차원에서 재앙과 근심거리가 될 수 있습니다. 교회의 중직을 맡기 전에, 먼저 풍성한 말씀 묵상의 삶을 통해 신앙의 성장과 성숙을 이룩하는 것이 중요합니다.

3. 우리가 매일 일정한 시간에 세속적인 일로부터 분리해서 큐티할 때, 우리는 오직 하나님과 개인적으로 교통하는 시간, 즉 하나님과 풍성한 교제를 나눌 수 있는 삶의 특권을 가지게 됩니다.

예수님은 공생애 기간 동안 매일매일 영혼들을 돕는 데 바쁜 일정을 감당하셨습니다. 대단히 피곤하셨음에도 불구하고 새벽 미명에 일어나셔서 기도하는 것을 소중히 여기셨습니다.

새벽 아직도 밝기 전에 예수께서 일어나 나가 한적한 곳으로 가사 거기서 기도하시더니 〈마가복음 1:35〉

물론 하루를 시작하기 전에 큐티를 할 수 있다면 금상첨화(錦上添花)일 것입니다. 다윗도 시편 5:3에서 "여호와여 아침에 주께서 나의 소리를 들으시리니 아침에 내가 주께 기도하고 바라리이다"라고 고백하였습니다.

프리셉트 주 강사인 케이 아더(Kay Arthur)는 한밤중에 큐티를 해 왔던 한 부인의 이야기를 전해 줍니다.

"몇 년 전에 나는 많은 자녀를 둔 한 여인의 이야기를 들었다. 그녀는 하루종일 바빴기 때문에 한밤중에만 경건의 시간을 가질 수 있었고, 주님의 말씀하심을 느끼고 나서야 자리에 누웠다. 나는 이 여인의 이야기를 듣고 감탄하지 않을 수 없었다. 그래서 나도 그러한 시간을 가져 보았지만 나에게는 그다지 효과가 없었다. 이처럼 단지 남이 한다고 해서 똑같이 할 필요는 없다."주3)

중요한 것은 매일 가능한 한 일정한 시간에 하나님과 함께하는 큐티 시간을 가지는 것입니다.

한편, 분주한 현대인들에게는 매일매일 큐티할 시간을 정한다 해도 1시간 이상 충분한 시간을 가지기가 어렵습니다. 이러한 점을 고려하여 일주일에 3-4시간을 별도로 떼어 내어서 하나님과 1:1의 질 높은 교제의 시간을 가질 필요가 있습니다. 이 시간에 충분히 찬양하고 기도하는 시간을 가집니다. 이 시간에 깊이 있는 성경 연구와 풍성한 묵상을 해 봅니다. 이 시간에 큐티를 하되, '큐티 소감문'(깨달은 점, 느낀 점, 적용점 등)을 노트에 기록해 봅니다.

그렇다면, 여러분은 매일 언제 큐티를 하시겠습니까? 그리고 언제 하나님과 1:1의 질 높은 교제의 시간(집중 큐티시간)을 가지시겠습니까?

내용	시간
내가 매일 큐티하는 시간	____시 ~ ____시
일주일에 한 번 가지는 집중 큐티시간	____요일 ____시 ~ ____시

4. 하나님의 사람들은 하나님의 말씀을 묵상하고 기도로 하나님과 교통할 때, 하나님이 도우시는 권세와 능력을 체험하게 되고 영적 생명력을 얻게 됩니다.

묵상할 때 그 큰 은혜를 경험하고 하나님이 공급하시는 능력을 맛보게 됩니다.

1복 있는 사람은 악인들의 꾀를 따르지 아니하며 죄인들의 길에 서지 아니하며 오만한 자들의 자리에 앉지 아니하고
2오직 여호와의 율법을 __________ 그의 율법을 주야로 __________
3그는 시냇가에 심은 나무가 철을 따라 열매를 맺으며 그 잎사귀가 마르지 아니함 같으니 그가 하는 모든 일이 다 형통하리로다

〈시편 1:1-3〉

15내가 주의 법도들을 작은 소리로 읊조리며 주의 길들에 주의하며
16주의 율례들을 ______________ 주의 말씀을 잊지 아니하리이다
〈시편 119:15-16〉

필자는 한양대학교 법과대학 특별장학생으로 방학 때가 되면 경기도 퇴계원 기숙사에서 생활하였습니다. 당시 법대 학장은 학생들을 고시 공부에 집중시키기 위해 외출을 금지시켰습니다. 주일이 되었고, 저를 포함한 신앙의 용사 3명은 예배를 드리고자 하는 일념으로 교회에 가서 예배를 드리고 왔습니다. 이로 인해 저는 결국 학교로부터 고시원 퇴출과 장학생 자격 박탈이라는 조치를 당하게 되었습니다. 그날 이후 약 3년간 엄청난 시련과 고통이 이어졌습니다. 하지만 제게 이 시간은 영육간에 강건해질 수 있는 귀한 때였습니다. 이 기간에 저는 아침마다 큐티를 열과 성을 다해 할 수 있었고, 하나님으로부터 엄청난 격려와 능력을 공급받을 수 있었기 때문입니다. 그때 큐티가 저의 삶에 있었기에 저는 그 고통을 견디어 낼 수 있었고, 평생을 살아가는 인생의 기초를 다질 수 있었습니다.

5. 우리는 큐티를 통해 영혼의 기쁨과 풍성한 삶을 누리게 됩니다.

하나님의 말씀은 우리의 영혼을 즐겁게 하며 풍성한 기쁨과 은혜를 누리게 합니다. 우리가 성도로서 하나님의 말씀을 깨우치는 것도 기쁨이요, 말씀 안에 거하는 것 또한 기쁨입니다.

나로 하여금 주의 계명들의 길로 행하게 하소서 내가 이를 __________
〈시편 119:35〉

골수와 기름진 것을 먹음과 같이 나의 영혼이 ____________ 나의 입이 기쁜 입술로 주를 찬송하되 〈시편 63:5〉

C. 큐티의 순서

1. 준비와 기도

모든 일에는 준비가 필요하고 기도가 필요합니다. 먼저, 큐티하기에 가장 적합한 시간과 장소를 구체적으로 정해 둡니다. 그 시간과 장소는 일과 사람으로부터 방해받지 않도록 사전 준비가 되어 있어야 합니다. 그리고 마음의 분주함, 격정, 분노, 욕심, 죄, 염려, 불안 등을 차분히 내려놓습니다. 그 다음 성령님께 오늘의 말씀을 잘 이해해서 적용할 수 있도록 도와 달라고 기도하며, 오늘 하루를 살아가는 데 양약(良藥)이 되는 말씀을 달라고 기도합니다.

> 아무 것도 염려하지 말고 다만 모든 일에 기도와 간구로, 너희 구할 것을 감사함으로 하나님께 아뢰라 〈빌립보서 4:6〉

2. 말씀 읽기

주어진 본문 말씀을 여러 차례 소리 내어 읽습니다. 중심 단어에 일정한 표시를 하면서 읽고, 문맥의 중심 내용을 파악하면서 읽습니다. 달라스 신학교의 교수였던 하워드 헨드릭스(Howard Hendricks) 교수는 다음과 같이 말씀을 읽을 것을 조언하였습니다.

1) 처음 읽는 것처럼 읽기

2) 연애편지 읽듯이 읽기

3) 탐구하는 자세로 읽기

4) 반복해서 읽기(다른 방법, 다른 번역본을 통해 여러 번 읽기)

5) 분석적으로 읽기(육하원칙에 따라 질문하며 읽기)

> 또 내가 사랑하는 주의 계명들을 향하여 내 손을 들고 주의 율례들을 작은 소리로 읊조리리이다 〈시편 119:48〉

3. 말씀 이해(해석)하기

'말씀 읽기'가 본문을 반복해서 읽으면서 관찰하는 과정이라면, '말씀 이해하기'는 본문이 과연 무엇을 의미하는가를 파악하기 위하여 본문의 내용을 해석하는 과정입니다. 큐티 교재 특히 『묵상하는 사람들』은 본문 읽기만으로는 쉽게 이해할 수 없는 단어나 문장을 「도움말」 항목 등에서 상세히 해설해 주고 있습니다. 우리는 이 작업을 통해서 본문의 진의(眞意)를 깨닫고 적용의 대해(大海)로 전진해 나갈 수 있습니다.

> 또 그 모든 편지에도 이런 일에 관하여 말하였으되 그 중에 알기 어려운 것이 더러 있으니 무식한 자들과 굳세지 못한 자들이 다른 성경과 같이 그것도 억지로 풀다가 스스로 멸망에 이르느니라 〈베드로후서 3:16〉

4. 묵상하기

오늘 내게 주어진 말씀이 나의 삶에 어떤 의미가 있으며 어떻게 영향을 미치는지 깊이 생각합니다. 마치 소가 되새김질하듯이 말씀을 마음속 깊이 새기고 묵상합니다. 필요에 따라서 중요한 구절을 반복해서 읽고 암송까지 합니다. 이때 깨달은 말씀, 감동한 말씀, 마음 깊이 와 닿은 말씀을 큐티 노트 등에 기록합니다.

> 1내 아들아 네가 만일 나의 말을 받으며 나의 계명을 네게 간직하며
> 2네 귀를 지혜에 기울이며 네 마음을 명철에 두며
> 3지식을 불러 구하며 명철을 얻으려고 소리를 높이며
> 4은을 구하는 것 같이 그것을 구하며 감추어진 보배를 찾는 것 같이 그것을 찾으면
> 5여호와 경외하기를 깨달으며 하나님을 알게 되리니 〈잠언 2:1-5〉

특별히 말씀 안에서 하나님이 어떤 분이신가(하나님의 속성과 사역 등)를 묵상하고 오늘 내게 주시는 말씀을 기록하며 묵상해 봅니다.

5. 결단과 기도

말씀은 우리의 삶에 도전과 변화를 일으킵니다. 내게 도전을 준 말씀 앞에 내 삶을 드리고 결단의 내용을 기록해 봅니다. 적용은 구체적이고 개인적이며 실천 가능해야 합니다. 마지막으로 결단의 내용과 깨달은 말씀을 붙들고 충분히 기도하는 시간을 가집니다.

> 구하라 그리하면 너희에게 주실 것이요 찾으라 그리하면 찾아낼 것이요 문을 두드리라 그리하면 너희에게 열릴 것이니 〈마태복음 7:7〉

D. 나눔을 위한 질문

1. 큐티를 할 때 어떤 유익이 있을까요?

1) 우리는 매일의 삶에서 ________________를 받을 수 있습니다.

2) 큐티는 우리의 영혼을 ___________합니다.

3) 큐티를 통해서 하나님과 ______________를 나눌 수 있습니다.

4) 큐티를 통해서 하나님이 도우시는 ______________을 체험하게 되고 ______________을 얻게 됩니다.

5) 우리는 큐티를 통해 ______________과 ______________을 누리게 됩니다.

2. 큐티는 어떤 순서로 해야 할까요?

1) 준비와 기도

2) ____________

3) 말씀 이해(해석)하기

4) 묵상하기

5) 결단과 기도

E. 다음 주를 위한 준비사항

1. 『묵상하는 사람들』 또는 '큐티 안내지'로 매일 20분 이상씩 큐티를 하십시오. 그리고 하루분은 부록에 첨부한 「묵상하는 사람들 II」(요 1:19-27) 말씀으로 '큐티 소감문'(깨달은 점, 느낀 점, 적용점 등)을 A4 용지 한 페이지 이내로 기록해 오기로 합니다.

2. 3과를 충분히 예습하기로 합니다.

F. 점검하기

1. 오늘 말씀 암송하기

2. 의문점 질문하기

3. 다음 주 예습과제 살펴보기

4. 예습을 위한 격려 말씀

5. 개인 기도제목 나누기

6. 돌림기도 또는 통성기도하기

3

성경은 어떤 책일까요?

암송말씀

모든 성경은 하나님의 감동으로 된 것으로 교훈과 책망과 바르게 함과 의로 교육하기에 유익하니_디모데후서 3:16

A. 마음 나누기

1. 지난주 『묵상하는 사람들』 또는 '큐티 안내지'로 매일 묵상하셨습니까? 부록에 있는 「묵상하는 사람들 Ⅱ」(요 1:19-27) 오른편에 적힌 6가지 질문을 읽고 함께 나누어 보십시오.

2. 부록에 첨부한 「묵상하는 사람들 Ⅱ」(요 1:19-27) 말씀으로 '큐티 소감문'(깨달은 점, 느낀 점, 적용점 등)을 A4 용지 한 페이지 이내로 기록해 오기로 하였습니다. 2-3명을 한 조로 만들어 발표해 볼까요? 조별로 우수작품을 선정해서 전체 앞에서 발표하기로 합니다.

3. 큐티를 하면서 좀 더 배우고 싶었던 점은 무엇입니까?

B. 성경은 어떤 책일까요?[주1)]

1. 성경은 ______ 권으로 이루어진 약속의 말씀입니다.

성경은 본래 '언약'(Testament, covenant)이라는 뜻을 가지고 있으며, 구약(옛 약속)과 신약(새 약속)으로 구성되어 있습니다.

구약 39권은 창조부터 예수님 오시기 전까지의 이야기들이 이스라엘 역사를 중심으로 전개되어 있습니다.

신약 27권은 예수님의 생애를 시작으로 인류와 역사의 종말이 기록되어 있습니다.

성경 66권은 하나님께서 잃어버린 백성을 되찾으시려는 구원의 이야기입니다.

2. 성경은 창세기에서 요한계시록까지 ______ 명의 선지자와 사도에 의하여 1,500여 년에 걸쳐서 기록되었습니다.

성경의 원저자는 하나님 당신이십니다. 하나님은 40명의 선지자와 사도를 세우셔서 하나님의 말씀을 기록하도록 하셨습니다. 그들은 자신들이 기록하고 있는 말씀이 자기 자신의 말이 아니고 하나님의 말씀인 것을 확신하고 있었습니다. 40명의 저자가 1,500여 년의 세월을 통해서 각자가 기록했음에도 불구하고 그 내용은 서로 다르거나 모순됨이 없이 놀랍게도 통일되어 있습니다.

3. 성경은 _________을 계시하고 증언하는 유일무이한 책입니다.

우리는 오직 성경을 통해서 하나님이 어떤 분이신지 알게 됩니다.

> 너희가 성경에서 영생을 얻는 줄 생각하고 성경을 연구하거니와 이 성경이 곧 ___게 대하여 _______하는 것이니라 〈요한복음 5:39〉

4. 성경은 살아 계신 하나님의 말씀으로 율법(성경 말씀)의 ___________도 결코 없어지지 아니하고 다 이루어질 것입니다.

> 진실로 너희에게 이르노니 천지가 없어지기 전에는 율법의 일점 일획도 결코 없어지지 아니하고 다 이루리라 〈마태복음 5:18〉

성경 말씀은 하나님의 영감으로 기록된 말씀이며, 일부의 효력을 부인하거나 변경할 수 없습니다.

5. 성경은 구원에 이르는 ________를 담고 있으며, 교훈과 책망과 바르게 함과 의로 ________하기에 유익한 하나님의 말씀입니다.

15 또 어려서부터 성경을 알았나니 성경은 능히 너로 하여금 그리스도
예수 안에 있는 믿음으로 말미암아 구원에 이르는 지혜가 있게 하느
니라
16 모든 성경은 하나님의 감동으로 된 것으로 교훈과 책망과 바르게 함
과 의로 교육하기에 유익하니 〈디모데후서 3:15-16〉

성경은 사람을 변화시키는 데 놀라운 능력을 가지고 있습니다. 성경은 단지 인격을 개선시킬 뿐만 아니라 근본적인 변화를 가져다줍니다. 성경은 구원의 지혜를 깨닫게 해 주며, 한 사람의 사상과 삶을 송두리째 바꾸며, 사회와 역사를 변화시키며, 인류에게 영원한 비전과 소망을 가져다줍니다.

C. 귀납적 성경연구 방법

1. '귀납적 성경연구 방법'의 정의

'귀납적'이란 '개개의 사물을 관찰하여 살핌으로써 전체를 파악하는 방법'을 말합니다.

'귀납적 성경연구 방법'이란 성경에 관련된 사람의 의견이나 이론을 통해 성경에 접근하는 것이 아니며, 성경 본문을 직접 관찰하고 이를 기초로 하여 언어학적, 석의적, 역사적 차원에서 객관적으로 강하게 해석함으로써 올바른 적용을 추구하는 성경연구 방법입니다.

2. D형 큐티

큐티를 할 때 관찰, 해석, 묵상, 적용 중 어느 것을 하느냐에 따라 큐티 유형이 정해집니다. 가장 바람직한 큐티는 주어진 본문에 집중하여 관찰, 해석, 묵상, 적용의 모든 단계를 거치는 것인데 이를 「D형 큐티」라고 명명합니다.주2)

구분	본문 관찰	해석(본문 연구)	묵상(느낀 점)	적용(결단)
A형			○	
B형	○		○	
C형	○		○	○
D형	○	○	○	○

1) 본문 관찰

'본문 관찰'은 저자가 본문에서 말씀하고 있는 바를 발견하는 과정입니다. 다른 사람의 글이나 보조 자료의 도움 없이 직접 본문을 읽고 관찰하여 본문 자체가 무엇을 말씀하는가를 찾아내는 것입니다. 하나님의 말씀을 정확히 이해하려면 주의 깊게 본문을 ________ 할 필요가 있습니다. 본문을 제대로 관찰하기 위해서는 반복해서 읽어야 합니다. 반복되는 단어에 유의하고 육하원칙에 따라 질문을 제기해서 본문을 살펴보고, 본문 자체가 말씀하는 바에 귀를 기울여야 합니다.

2) 해석(본문 연구)

'해석'(본문 연구)은 본문이 무엇을 의미하는가를 파악하는 과정입니다. 해석을 잘하기 위해서는 다음의 전개가 필요합니다.

① 정확한 해석의 기초는 충분한 관찰에 있습니다. 먼저 본문을 충분히 관찰하면 본문의 의미가 어느 정도 파악이 됩니다. 충분히 관찰한 만큼 해석의 오류를 피할 수 있습니다.

② 어떤 본문에서는 원어 의미상 쉽게 이해되지 않는 단어들이 등장합니다. 이때는 모든 문장의 최소 단위인 단어의 뜻을 정확히 이해해야 해석할 수 있습니다. 좋은 큐티 안내지는 이런 단어에 대해 별도

로 설명해 주고 있습니다(『묵상하는 사람들』에서는 「도움말」 항목에서 이 문제를 다루고 있습니다).

③ 언제든지 문맥(context)은 해석의 왕입니다. 앞뒤 문맥의 흐름을 유념해서 본문을 해석할 필요가 있습니다.

④ 해석은 저자가 뜻하는 바를 발견하는 과정입니다. 내 편에서 주관적으로 해석해서 특별한 의미를 이끌어 내고자 하는 태도는 올바른 해석 방법이 될 수 없습니다. 성경 전반의 일반적 주제나 말씀의 범위에 위배되지 않도록 해야 합니다.

⑤ 성경은 거의 모든 문학의 장르를 포괄하고 있습니다. 각 성경의 문학적 장르의 특징을 존중해서 본문을 해석합니다. 예컨대, 시편은 시 언어의 특징을 충분히 고려해서 해석해야 합니다.

⑥ 성경 본문이 처한 문학적, 종교적 상황과 역사적 배경을 알고 이를 존중해서 본문을 해석합니다. 모든 성경은 최소한 1,900년 이전에 기록된 말씀이며 오늘날의 상황이 아닌, 기록자의 상황에서 쓰인 하나님의 말씀입니다. 대부분의 큐티 안내지에서도 그 시대의 상황과 배경을 안내해 주고 있습니다.

대부분 큐티는 한정된 시간에 성경 본문을 가지고 합니다. 그렇기에, 전문적인 주석 등을 살펴보기보다는 원어의 의미를 밝혀 주는 좋은 성경(예: 프리셉트 성경)과 주의 깊게 편찬된 큐티 안내지를 보유할 필요가 있습니다.

3) 묵상(느낀 점)

'묵상'(느낀 점)이란 내가 관찰하고 해석한 하나님의 말씀이 내 삶 속에서 어떤 의미가 있는지를 생각하는 시간이며, 본문에서 말씀하시는 하나님의 영이 내 안에 충만히 임하시도록 하는 침묵의 시간입니다.

① 묵상은 자신의 욕심과 생각을 비워 내는, 즉 동양 종교에서 말하는 '명상'과는 다릅니다. 묵상은 '비움'이 아니라, 하나님의 영과 말씀의 의미로 내 삶을 충만케 하는 '채움'의 과정입니다.

② 묵상은 그 주요 대상이 언제든지 하나님과 하나님의 말씀입니다.

③ 따라서 묵상은 나의 시선을 하나님과 하나님의 말씀에 고정시키는 것이며, 하나님과 인격적인 교제를 나누는 것입니다.

④ 묵상은 본문의 말씀이 내 삶 속에서 어떻게 받아들여지는지를 상고

하는 것입니다. 결국 느낀 점, 깨달은 점 그리고 생각한 점을 정리 하는 과정입니다.

4) 적용(결단)

'적용'(결단)은 관찰을 통해 알게 되고 해석을 통해 깨달은 진리들을 묵상을 통해 심령 안에 녹여냄으로써, 내 삶에 말씀의 특정 진리들이 실현되어 가는 과정을 말합니다. 즉, 적용(결단)이란 하나님의 구체적인 말씀이 내 삶 속에 실천되어 가는 것입니다.

D. 나눔을 위한 질문

1. '성경'은 어떤 책입니까?

2. '귀납적 성경연구 방법'이란 무엇입니까?

3. '관찰, 해석, 묵상, 적용'을 여러분의 말로 설명해 보십시오.

4. 지금까지 여러분이 해 온 큐티에서 가장 보완해야 할 부분은 무엇입니까?

E. 다음 주를 위한 준비사항

1. 『묵상하는 사람들』 또는 '큐티 안내지'로 매일 20분 이상씩 큐티를 하십시오. 그리고 하루분은 부록에 첨부한 「묵상하는 사람들 Ⅲ」(요 1:28-34) 말씀으로 '큐티 소감문'(깨달은 점, 느낀 점, 적용점 등)을 A4 용지 한 페이지 이내로 기록해 오기로 합니다.

2. 4과를 충분히 예습하기로 합니다.

F. 점검하기

1. 오늘 말씀 암송하기

2. 의문점 질문하기

3. 다음 주 예습과제 살펴보기

4. 예습을 위한 격려 말씀

5. 개인 기도제목 나누기

6. 돌림기도 또는 통성기도하기

4
성경을 어떻게 관찰할까요?

암송말씀

은을 구하는 것 같이 그것을 구하며 감추어진 보배를 찾는 것 같이 그것을 찾으면 여호와 경외하기를 깨달으며 하나님을 알게 되리니_잠언 2:4-5

A. 마음 나누기

1. 지난주 『묵상하는 사람들』 또는 '큐티 안내지'로 매일 묵상하셨습니까? 부록에 있는 「묵상하는 사람들Ⅲ」(요 1:28-34) 오른편에 적힌 6가지 질문을 읽고 함께 나누어 보십시오.

2. 부록에 첨부한 「묵상하는 사람들Ⅲ」(요 1:28-34) 말씀으로 '큐티 소감문'(깨달은 점, 느낀 점, 적용점 등)을 A4 용지 한 페이지 이내로 기록해 오기로 하였습니다. 2-3명을 한 조로 만들어 발표해 볼까요? 조별로 우수

작품을 선정해서 전체 앞에서 발표하기로 합니다.

3. 큐티를 하면서 가장 어려웠던 점은 무엇입니까?

B. 중심 단어 선정과 목록 작성

1. '중심 단어'의 정의

'중심 단어'란 저자가 반복해서 매우 중요하게 사용하는 낱말을 뜻합니다. 본문에서 그 단어를 뺄 경우, 그 구절의 내용을 무의미하게 만들어 버립니다. 중심 단어는 본문을 여러 차례 읽으면서 찾고, 그 단어의 성격을 고려하여 특정 색깔의 색연필로 특정 표시를 하도록 합니다.

2. 표시 방법

1) 삼위 하나님은 빨간색 밑줄, 성부 하나님은 △, 성자 예수님은 ✝, 성령님은 구름모양 으로 표시합니다.

2) 선한 말씀의 사람은 초록색, 악인은 갈색을 사용합니다.

3) 단어의 특징을 그림으로 표현합니다.

3. 실습A

1) 부록에 수록된 「묵상하는 사람들 I」(요 1:1-18)의 성경 본문을 읽고 예수님(말씀)이 등장하실 때마다 빨간색 색연필로 ✝를 표시하십시오.

2) '목록 작성'이란 본문에서 언급된 특정 단어나 주제에 대하여 관련된 자료를 모아 기록하는 것을 말합니다. 아래에 예수님(말씀)에 대해 목록 작성을 하십시오.

1절: 태초에 계신 말씀

하나님과 함께 계신 말씀

하나님이신 말씀

2절: 태초에 하나님과 함께 계신 분, 말씀이신 분 예수

3절: ___________을 지으신 분

4절: 생명을 가지신 분, 사람들의 빛이 되신 분

9절: 참 빛 곧 세상에 와서 각 사람에게 비추는 빛이 되신 분

10절: 세상에 계셨던 분

세상을 지으셨으되 세상이 알지 못한 분

11절: 자기 땅에 오매 자기 백성이 영접하지 아니한 분

12절: 영접하는 자 곧 그 이름을 믿는 자들에게는 하나님의 자녀가

되는 ＿＿＿＿＿를 주신 분

14절: 육신이 되어 우리 가운데 거하신 분

영광이신 분

＿＿＿＿＿와 ＿＿＿＿＿가 충만하신 분

15절: 세례 요한의 증거를 받으신 분

생물학적으로는 내 뒤에 오시는 이 예수가 존재론적으로는 나보다 먼저 계신 분이라고 세례 요한으로부터 증거되신 분 (세례 요한이 지상에서 6개월 먼저 출생하였으나 예수님은 태초부터 계신 분이라고 증거한 것임)

16절: 충만하신 예수

17절: 은혜와 진리를 주시는 분

18절: 아버지 품 속에 있는 독생하신 하나님이신 예수

하나님을 나타내신 분

3) 본문에서 중심 단어로 확인된 예수님이 누구신지 목록을 작성하면서 심도 있게 관찰합니다.

4) 정확히 본문을 관찰하는 것은 본문을 묵상하는 데 있어서 탄탄한 기초를 제공합니다. 깊이 있게 관찰한 만큼 동시적으로 묵상이 진행될 수 있습니다.

4. 실습B

1) 부록에 수록된 「묵상하는 사람들 Ⅱ」(요 1:19-27)의 성경 본문을 읽고 세례 요한이 등장할 때마다 초록색 색연필로 ○를 표시하고, 세례 요한에 대한 표현에는 초록색 색연필로 밑줄을 그으십시오.

2) 세례 요한에 대해 목록 작성을 하십시오.

19절: 예루살렘에서 파송된 제사장들과 레위인들에 의해 '네가 누구냐'라고 심문받은 세례 요한

20절: 나는 ____________가 아니라고 답변한 요한

21절: 엘리야가 아니라고 답변한 요한

선지자가 아니라고 답변한 요한

23절: 자신을 선지자 ________의 말과 같이 주의 길을 곧게 하라고 광야에서 외치는 자의 소리라고 설명한 요한

26-27절: 예수는 내 뒤에 오시는 그이라고 말한 요한

예수의 신발끈을 풀기도 감당하지 못하겠다고 말한 요한

3) 이상을 종합해 보건대, 세례 요한은 예수님이 누구시라고 증언합니까? 여러분은 예수님이 어떤 분이시라고 증언합니까?

---

5. 실습C

1) 부록에 수록된 「묵상하는 사람들Ⅲ」(요 1:28-34)의 성경 본문을 읽고 예수님(유사어 포함)이 언급될 때마다 빨간색 색연필로 ✝를 표시하십시오.

2) 예수님에 대해 목록 작성을 하십시오.

29절: 세상 죄를 지고 가는 하나님의 어린 양

31절: 요한이 이스라엘에 나타내고자 한 분

32절: ______________________

33절: ______________________

34절: ______________________

3) 이상을 종합해 보건대, 예수님은 어떤 분이십니까?

C. 육하원칙

1. 사건과 스토리가 등장하는 본문은 육하원칙에 따라 본문을 관찰할 수 있습니다.

육하원칙은 5W1H로 언제(When), 어디서(Where), 누가(Who), 무엇을(What), 어떻게(How), 왜(Why)의 질문으로 본문을 살펴보는 것입니다. '언제'와 '어디서'는 사건의 배경을, '누가, 무엇을, 어떻게'는 사건의 경위와 과정을 설명해 주며, '왜'는 본문을 통해 보여 주시고자 하는 하나님의 메시지를 담고 있을 때가 많습니다.

2. 부록에 수록된 「묵상하는 사람들 III」(요 1:28-34)의 성경 본문을 다시 읽고 육하원칙에 따라 분석해 보십시오.

1) 배경

① 언제: 세례 요한이 세례를 베풀던 때 그 이튿날(28-29절)

② 어디서: 요한이 세례를 베풀던 곳 요단 강 건너편 __________ 에서(28절)

2) 사건

③ 누가: 요한

④ 무엇을: 요한이 예수님을 만나다.

요한이 예수님을 보고 증언하다.

– 보라 세상 죄를 지고 가는 하나님의 어린 양이로다(29절)

– 이분은 나보다 먼저 계신 분이다(30절)

– 이분은 성령으로 세례를 베푸시는 분이다(33절)

– 이분은 하나님의 아들이시다(34절)

⑤ 어떻게: 요한은 예수님을 증거하되 구체적인 말로 증거하였다.

3) 하나님의 메시지

⑥ 왜: 세례 요한은 예수님의 등장으로 자기 자신이 물로 세례를 주는 시대가 마감되고, 드디어 예수님이 성령으로 세례를 주는 시대, 하나님의 아들이 사역하는 시대를 예고하고 열고자 했다. 세례 요한은 온 천하에 예수님을 소개하고 선도함으로 '광야에서 외치는 자의 소리' 역할을 충실하게 감당하고자 했다.

'이제 나 세례 요한을 바라보지 말고 하나님의 어린 양 예수, 하나님의 아들 예수를 바라보라.'

3. 실습

요한복음 2:1-12 말씀을 읽고 육하원칙에 따라 분석해 보십시오.

1) 배경

① 언제:

② 어디서:

2) 사건

③ 누가:

④ 무엇을:

⑤ 어떻게:

3) 하나님의 메시지

⑥ 왜:

D. 본문에 등장하는 '삼위의 하나님' 관찰

1. 모든 성경에서 언제든지 진정한 역사의 주인공은 하나님이십니다.

성경은 모든 본문에서 하나님 당신을 계시하시며 보여 주십니다. 따라서 큐티에서 첫 번째 하이라이트는 오늘 본문이 보여 주는 하나님은 누구신가를 구체적으로 포착하고 그 하나님에 대하여 동일하게 신앙고백을 하는 것입니다.

2. 본문에 따라서 성부 하나님, 성자 하나님, 성령 하나님이 부분적으로 그리고 선택적으로 강조되기도 합니다.

삼위 하나님을 통합적으로 이해하되 큐티를 진행할 때는 삼위를 별도로 관찰할 필요가 있습니다.

3. 하나님을 관찰하고 기록할 때 '하나님의 내면적 속성'과 '하나님의 사역'을 분리해서 분석해야 할 때도 있습니다.

본과(4과) B단원의 「3. 실습A」에서 살펴본 요한복음 1:1-18의 본문을 다시 관찰하되, '예수님의 속성'(본질)과 '예수님의 사역'(행위)으로 나누어 다음 표에 기록해 보십시오.

〈요한복음 1:1-18에 나타난 예수님 목록〉

예수님의 속성(본질)	예수님의 사역(행위)
1-2절: 태초에 하나님과 함께 계신 분 말씀이신 분	
	3절: 만물을 지으신 분
4절: 생명이신 분	4절: 사람들의 ______ 되신 분
	9절: 참 빛 곧 세상에 와서 각 사람에게 비추는 빛 되신 분
10절: 세상에 계셨던 분	10절: 세상을 지으셨으되 세상이 알지 못한 분
	11절: 자기 땅에 오신 분 자기 백성으로부터 거절 당하신 분 12절: 영접하는 자 곧 그 이름을 믿는 자들에게는 ___________ _____가 되는 권세를 주신 분
14절: 영광이신 분 ___________와 ________가 충만하신 분 15절: 세례 요한의 증거를 받으신 분 세례 요한보다 먼저 계신 분 16절: 충만하신 예수	14절: 육신이 되어 우리 가운데 거하신 분
	17절: 은혜와 진리를 주시는 분
18절: 아버지 품 속에 있는 독생하신 하나님이신 예수	18절: 하나님을 나타내신 분

E. 나눔을 위한 질문

1. '중심 단어'를 설명해 보십시오.

2. 중심 단어에 대해 목록을 작성할 때, 어떤 유익이 있습니까?

3. 지난 일주일의 삶에서 가장 기억에 남는 사건 하나를 설정하고, 육하원칙에 의해서 그 사건을 진술해 보십시오.

4. 진술한 그 사건에 대해서 육하원칙에 의거해 6가지 요소를 각각 표현해 보십시오.

5. 본문 관찰이 큐티에서 왜 중요할까요?

F. 다음 주를 위한 준비사항

1. 『묵상하는 사람들』 또는 '큐티 안내지'로 매일 20분 이상씩 큐티를 하십시오. 그리고 하루분은 부록에 첨부한 「묵상하는 사람들Ⅳ」(요 1:35-42) 말씀으로 '큐티 소감문'(깨달은 점, 느낀 점, 적용점 등)을 A4 용지 한 페이지 이내로 기록해 오기로 합니다.

2. 5과를 충분히 예습하기로 합니다.

G. 점검하기

1. 오늘 말씀 암송하기

2. 의문점 질문하기

3. 다음 주 예습과제 살펴보기

4. 예습을 위한 격려 말씀

5. 개인 기도제목 나누기

6. 돌림기도 또는 통성기도하기

5

말씀을 어떻게 묵상하고 적용할 수 있을까요?

암송말씀

모든 성경은 하나님의 감동으로 된 것으로 교훈과 책망과 바르게 함과 의로 교육하기에 유익하니 이는 하나님의 사람으로 온전하게 하며 모든 선한 일을 행할 능력을 갖추게 하려 함이라_디모데후서 3:16-17

A. 마음 나누기

1. 지난주 『묵상하는 사람들』 또는 '큐티 안내지'로 매일 묵상하셨습니까? 부록에 있는 「묵상하는 사람들Ⅳ」(요 1:35-42)에 적힌 6가지 질문을 읽고 함께 나누어 보십시오.

2. 부록에 첨부한 「묵상하는 사람들Ⅳ」(요 1:35-42) 말씀으로 '큐티 소감문'(깨달은 점, 느낀 점, 적용점 등)을 A4 용지 한 페이지 이내로 기록해 오

기로 하였습니다. 2-3명을 한 조로 만들어 발표해 볼까요? 조별로 우수 작품을 선정해서 전체 앞에서 발표하기로 합니다.

3. 큐티를 잘하기 위해서 여러분에게 필요한 기도제목은 무엇입니까?

B. 말씀 묵상

1. '묵상'의 정의

히브리어로 '묵상'이라는 뜻을 가진 단어는 '하가'(haga)와 '시아프'(siah)가 있습니다. '하가'는 중얼거림, 수고, 궁리, 깊이 생각함이라는 의미가 있습니다. '시아프'는 첫째로 하나님의 행위와 하나님의 말씀을 조용히 성찰하는 것을 위하여 사용되었고, 둘째로 하나님의 역사를 큰 소리로 말하는 것을 묘사하는 데 사용되었습니다. 따라서 묵상이란 원어적 개념에서 하나님의 말씀을 반복해서 읽고, 생각하며, 흥얼거리면서 하루 종일 음미하고 되새김질하는 것을 의미합니다.

그렇다면, 말씀 묵상을 깊이 있게 하기 위해서는 어떻게 해야 될까요?

2. 말씀 묵상하는 방법

1) 말씀 묵상 분별하기

말씀 묵상을 깊이 있게 하기 위해서는 먼저 말씀 묵상이 아닌 것을 분별해야 합니다.

첫째로 본문과 연관하여 내 인생, 학업, 직업 등의 문제를 깊이 파고들어 생각하는 것은 진정한 말씀 묵상이라 할 수 없습니다. 하나님의 말씀은 내 사고와 명상의 주제를 제공하는 발판(springboard)으로 사용되었을 뿐입니다.

둘째로 단지 말씀을 읽고 생각의 주제를 정해서 그 생각에 골똘히 몰두하는 것도 말씀 묵상이라 할 수 없습니다. 그것은 그저 자기 생각에 몰두하는 것 그 이상도 그 이하도 아니기 때문입니다.

셋째로 욕망과 세상의 번뇌에서 벗어나고자 자아와 사고를 벗어던지고 자기를 비워내는 명상도 말씀 묵상이라 할 수 없습니다. 이 모두는 불교나 도교 영향으로 한국인의 종교 관념에 남아 있는 '명상의 의식'일 뿐입니다.

2) 말씀 읽기

먼저 주어진 본문을 반복해서 읽습니다. 소리 내어서 읽고 침묵으로 읽습니다. 각종 번역 성경으로 읽기도 합니다. 본문의 의미를 생각하며 반복해서 읽으면 묵상이 깊어집니다.

3) 관찰 작업하기

본문에서 중심 단어를 찾고, 펜을 들어 목록작성을 하고, 육하원칙으로 본문을 분석하는 과정 자체는 소중한 묵상의 과정입니다. 결코 기계적으로 생각하고 글을 쓰는 작업이 아님을 인지해야 합니다.

이 모두가 본문의 깊은 내용을 파내어서 묵상하고 반추하는 중요한 과정입니다. 따라서 묵상에서 관찰, 해석, 적용은 별도로 분리된 과정이 아닌 동시적으로 이루어지는 작업이라는 점을 기억해야 합니다.

즉, 묵상이란 성경 읽기, 관찰, 해석을 진행하면서 본문의 세계로 깊이 들어가는 사고의 과정일 뿐만 아니라, 이 모든 과정을 진행한 이후 본문의 의미를 별도로 가슴에 되새김하는 시간입니다.

4) 묵상 시 유념하기

① 묵상의 대상은 언제든지 ________과 ________의 ________입니다.

현대인의 삶은 복잡다단(複雜多端)합니다. 이 땅에 문제 없는 인생은 없다고 할 만큼 현대인들은 많은 문제를 안고 살아갑니다. 그렇기에 묵상을 하다 보면 어느덧 내 인생을 짓누르는 문제 상황에 생각이 머무르기 쉽습니다. 이럴 때조차도 아니 이럴 때일수록 우리는 묵상할 때 하나님과 하나님의 말씀에 집중해야 합니다.

② 묵상은 ________속에서 하나님과 하나님의 말씀을 향해 나아가는 과정입니다.

현대인은 소음 공해 속에서 살아갑니다. 그들 주변에는 항상 핸드폰과 TV 등 여러 매체가 끊임없이 소리를 내고 있습니다. 묵상이란 이 세상 모든 소음으로부터 해방되어 영적으로 하나님께 나아가는 침묵의 시간입니다.

③ 묵상은 __________ 하나님께 나아가는 삶의 중심점입니다.

우리는 살아가는 데 하루 2끼 이상의 식사를 꼬박꼬박 감당합니다. 우리는 밤이 되면 매일 잠을 잡니다. 마찬가지로 우리가 하나님의 백성이라면 매일매일 묵상으로 하나님께 나아갈 필요가 있습니다.

C. 적용

1. '적용'의 정의

'적용'은 관찰을 통해 발견되고 해석을 통해 이해된 진리들을 우리의 삶 속에 투영하고 실천하는 것을 말합니다. 하나님의 말씀은 어느 시대를 막론하고 적용 가능하며, 적실성(適實性)을 가지고 있습니다.

2. 효과적으로 말씀 적용하는 방법

하나님의 말씀이 우리의 삶 속에 효과적으로 적용되기 위해서는 다음의 3가지 원리가 존중되어야 합니다.

1) 구체적 적용(the practical application)

하나님의 말씀이 단지 생각의 차원에서 멈추고 육하원칙에 따라 구체적으로 삶 속에 적용되어 나타나야 합니다. 추상적으로 생각의 차원에 머물러서는 적용이 삶 속에 착근(着根)되지 않습니다(예: 사마리아 여인의 전도(요 4:28-30)).

2) 실현 가능한 적용(the possible application)

적용은 내 삶 속에서 실제로 실천될 수 있는 것으로 제한되어야 합니다. 너무 과도한 목표를 설정해서 적용하는 것은 이미 적용의 실패를 예고하는 것입니다. 또한 도저히 실현 불가능한 내용을 적용하고자 하는 것도 실패를 자초하게 되어 있습니다.

> 내게 주신 은혜로 말미암아 너희 각 사람에게 말하노니 마땅히 생각할 그 이상의 생각을 품지 말고 오직 하나님께서 각 사람에게 나누어 주신 믿음의 분량대로 지혜롭게 생각하라 〈로마서 12:3〉

3) 개인적 적용(the personal application)

큐티는 기본적으로 하나님과 나와의 관계에서 말씀을 묵상하는 것입니다. 따라서 큐티는 오늘 하나님께서 '나'라는 한 인간을 향해 주시는 말씀을 듣고 순종하여 적용하는 것입니다. 타인이나 집단을 향한 적용은 큐티 이후에나 할 수 있는 일입니다. 우선 하나님의 말씀을 '나' 자신에게 적용할 때 큐티의 진정한 의미가 살아 있게 됩니다.

> 각각 자기의 일을 살피라 그리하면 자랑할 것이 자기에게는 있어도 남에게는 있지 아니하리니 〈갈라디아서 6:4〉

3. 적용의 영역

> 16 모든 성경은 하나님의 감동으로 된 것으로 교훈과 책망과 바르게 함과 의로 교육하기에 유익하니

[17]이는 하나님의 사람으로 온전하게 하며 모든 선한 일을 행할 능력을 갖추게 하려 함이라 〈디모데후서 3:16-17〉

1) 교훈 또는 교리

본문에서 내게 주시는 구체적 교훈, 교리, 명령이 있는가를 살펴봅니다.

2) 책망

하나님의 말씀은 나의 생각과 행동에서 무엇이 잘못되었는지를 밝히 드러냅니다. 우선 하나님의 말씀은 온갖 생각의 씨앗들이 뿌려져 있는 마음의 정원들을 살피고 다닙니다. 그 후 진리를 방해할 잡초가 무엇인지를 보여 주고, 마음의 정원에서 잡초를 뽑도록 명합니다. 이것이 바로 말씀의 책망입니다.

3) 바르게 함

적용에서 가장 어려운 부분은 '바르게 함'입니다. 이는 말씀의 지적에 따라 삶을 곧추세워 수정하는 것입니다. 많은 경우 '바르게 함'은 말씀이 지적하고 있는 잘못된 삶을 고백하고 그 잘못에서 떠남으로 해결됩니다.

4) 의로 교육함

하버드대학교 총장이었던 펠프스(Phelps) 박사는 "성경 교육 없는 학문보다는 차라리 학문 없는 성경 교육을 택하겠다"라고 주장하였습니다. 그만큼 성경 말씀의 적용이 교육에 있어서 중요하다는 것입니다. 이 밖에도 많은 사람이 지상에서 최고의 성품 교육으로 성경 교육을 꼽고 있습니다.

그 이유는 하나님의 말씀이 삶을 위한 교육 핸드북으로 우리에게 주신 것이기 때문입니다. 지금도 하나님은 성경 66권을 통해 하나님의 사람들을 의의 말씀으로 교육하고 계십니다.

5) 본보기

성경이 오늘 '본받을 만한 예'를 보여 주는가, 아니면 '본받아서는 안 되는 예'를 보여 주는가를 살펴서 삶에 적용합니다.

4. 오늘 내게 주시는 말씀의 교훈

결국 큐티에서 최종적으로 정리해서 질문해 볼 수 있는 것은 2가지입니다.

오늘의 본문은 하나님에 대해서 무엇을 말씀합니까?

오늘의 본문은 나에게 어떤 교훈을 줍니까?

특히 두 번째 질문은 디모데후서 3:16-17 말씀을 총괄적으로 내 삶에 적용하는 질문입니다. 따라서 마지막으로 큐티를 마무리하면서 이 2가지 질문을 다시 해 보십시오. 아울러 부록에 첨부한 「묵상하는 사람들Ⅳ」(요 1:35-42)를 펴고 이 2가지 질문에 답변해 보십시오.

D. 효과적인 묵상 10계명

다음은 프리셉트에서 발간하는 큐티 격월지인 『묵상하는 사람들』이 권면하는 「효과적인 묵상 10계명」입니다. 소리 내어서 읽고 묵상하는 삶에 있어서 내게 가장 부족한 부분이 어떤 점인지 살펴보십시오.

〈효과적인 묵상 10계명〉

1. 묵상은 경건의 좋은 습관을 가지는 것이다.

묵상은 매일매일의 삶 속에서 하나님의 말씀을 통하여 삶을 인도받는 것으로, 규칙적이고 정기적인 묵상의 시간을 가져야 합니다.

2. 습관은 자기 결단에서부터 시작된다.

경건의 습관을 가지기 위해서는 먼저 하나님과 만날 시간과 장소를 정해야 합니다. 가능하면 시간과 장소의 변동 없이 일관되어야 합니다. 그리고 하나님과 정한 약속이 깨지지 않도록 최선을 다해야 하며, 방해하는 주변의 요소들(TV, 전화 등)을 제거해야 합니다.

3. 묵상은 하루아침에 이루어지지 않는다.

인내를 가져야 합니다. 묵상 훈련은 하루아침에 이루어지는 것이 아니며, 특별한 비법이 있는 것도 아닙니다. 성실하게 인내를 가지고 날마다 하나님 앞에 나아간다는 마음의 자세가 있어야 합니다.

4. 묵상은 방법보다 습관의 문제다.

위의 내용들을 다시 정리하며, 방법적인 문제보다는 좋은 습관을 가지는 것이 중요함을 기억해야 합니다.

5. 본문을 정확하게 관찰해야 한다.

성경이 말씀하고 있는 내용을 정확하게 이해하거나 파악하지 못한다면 올바른 묵상이 될 수 없습니다. 정확한 본문 관찰과 해석을 통해서만이 하나님께서 말씀하시는 뜻을 깨닫고 적용할 수 있게 됩니다.

6. 묵상의 중심은 내가 아니라 하나님이시다.

묵상의 시간은 하나님을 만나는 시간이며, 말씀 속에서 하나님의 음성을 듣는 시간입니다. 자신을 합리화시키는 도구로 말씀을 전락시

키지 말아야 하며, 말씀 속에서 하나님이 어떻게 나타나시는가를 세밀하게 관찰해야 합니다.

7. 귀납적으로 묵상한다.

본문을 정확하게 보기 위해서 귀납적인 방법을 활용하십시오. 본문을 육하원칙에 의해서 관찰하고, 특히 '왜'라는 질문을 통해서 본문을 보도록 노력하십시오. 이런 습관은 말씀을 보는 여러분의 눈을 열리게 해 줄 것입니다.

8. 적용은 삶의 실천이다.

말씀을 적용할 때는 그 대상이 '나' 자신이라는 것과 시기적으로 지금 당장의 실천을 요한다는 사실을 기억해야 합니다. 실천하지 않고 자신에게 적용하지 않는 말씀은 영적으로 무기력하게 만듭니다.

9. 경건을 위한 시간 관리에 충실히 한다.

자신의 영성 개발을 위해 삶의 우선순위를 정하고, 시간 관리를 체계적으로 해야 합니다. 그러기 위해서는 하나님을 알아가고 만나는 일에 최우선을 두어야 합니다. 시간이 남으면 묵상을 하겠다는 태도로는 평생토록 묵상의 기쁨을 누리지 못할 것입니다.

10. 묵상 훈련 프로그램에 참여한다.

묵상에 관한 책을 읽고, 묵상 훈련에 참여하여 더 깊은 영성을 개발하도록 해야 합니다. 귀납적 성경연구 방법을 공부하고 싶다면, 본 연구원에서 진행하는 세미나에 참여하여 도움을 받으시기 바랍니다(문의 02-588-2218).

E. 나눔을 위한 질문

1. 말씀 묵상이 아닌 것 3가지를 설명해 보십시오.

2. 하나님의 말씀이 우리의 삶 속에 효과적으로 적용되기 위해서 존중되어야 할 3가지 원리는 무엇입니까?

3. 디모데후서 3:16-17의 말씀에 근거해서 적용의 영역을 진술해 보십시오.

4. 큐티를 마무리하면서 최종적으로 정리하는 2가지 질문은 무엇입니까?

5. 「효과적인 묵상 10계명」의 타이틀을 소리 내어 읽어 보십시오.

F. 다음 주를 위한 준비사항

1. 『묵상하는 사람들』 또는 '큐티 안내지'로 매일 20분 이상씩 큐티를 하십시오. 그리고 하루분은 부록에 첨부한 「묵상하는 사람들 V」(요 1:43-51) 말씀으로 '큐티 소감문'(깨달은 점, 느낀 점, 적용점 등)을 A4 용지 한 페이지 이내로 기록해 오기로 합니다.

2. 6과를 충분히 예습하기로 합니다.

G. 점검하기

1. 오늘 말씀 암송하기

2. 의문점 질문하기

3. 다음 주 예습과제 살펴보기

4. 예습을 위한 격려 말씀

5. 개인 기도제목 나누기

6. 돌림기도 또는 통성기도하기

6

큐티를 함께 나누려면 어떻게 해야 할까요?

암송말씀

보라 형제가 연합하여 동거함이 어찌 그리 선하고 아름다운고

_시편 133:1

A. 마음 나누기

1. 「묵상하는 사람들 V」에 삽입된 요한복음 1:43-51 말씀을 함께 읽되, '요한의 두 제자'에 대한 기록에 초록색 색연필로 밑줄을 그으십시오. 요한의 두 제자는 어떤 인물입니까?

2. 「묵상하는 사람들 V」 윈편에 위치한 주제별 목록 작성을 읽어 보십시오. 본문의 주제별 목록 작성을 통해 무엇을 배울 수 있습니까?

3. 본문 46절에서 나다나엘은 '나사렛에서 무슨 선한 것이 날 수 있느냐'고 말합니다. 이 말의 의미는 무엇일까요? 「묵상하는 사람들 V」 윈편에 위치한 도움말을 참고해 보십시오.

B. 큐티 나눔의 준비

1. '큐티 나눔'의 정의

'큐티 나눔'이란 큐티를 하면서 내가 하나님의 음성을 어떻게 들었고 느꼈으며, 그 말씀으로 인해 내가 어떻게 변하였는지 사람들과 나누는 과정입니다. 이처럼 큐티를 함께 나누면, 큐티의 유익을 공유하게 되고 큐티의 축복을 실감하게 됩니다. 나아가 공동체의 구성원들은 지속해서 큐티를 하게 되고, 공동체는 더욱 건강한 영적 상태를 유지하게 됩니다.

큐티 나눔은 이같이 큐티 적용의 확대 과정입니다. 좋은 것은 나누면 나눌수록 커지며, 기쁨의 소식은 나누면 나눌수록 배가 됩니다.

2. 준비 과정

1) 준비 1단계

효과적인 나눔을 위해서는 먼저 참여자들이 매일 30분 이상 큐티를 해야 합니다. 매일 일정한 시간을 분리해서 하나님의 말씀으로 하나님과 교제하는 시간을 지속해서 가져야 합니다.

2) 준비 2단계

큐티는 단지 큐티하는 시간으로 끝나서는 안 됩니다. 오늘의 큐티가 끝나면 그 큐티를 마음에 새겨서 하루의 삶 속에서 깊이 묵상하고 적용함이 필요합니다. 달리 표현하면, 큐티를 한 다음 하루의 삶을 큐티 정신으로 무장해서 살아가는 것입니다.

3) 준비 3단계

준비 3단계는 큐티의 실행과 묵상이 변화된 삶에 나타나는 단계로, 큐티의 체현(體現) 단계라고 말할 수 있습니다. 큐티 말씀이 내 안에서 용해되고 체현되면, 내면세계가 치유되고 강건해집니다. 또한 하나님을 경배하는 예배의 회복을 경험하게 되고, 인격 안에 성령의 9가지 열매가 아름답게 자라가게 됩니다.

C. 큐티 나눔의 축복

큐티를 개인적으로 실행한 후 그룹으로 모여서 큐티의 내용을 나누게 되면 혼자 큐티할 때와는 비교할 수 없는 많은 축복과 유익을 얻게 됩니다. 다음의 말씀을 읽고 성도들이 하나님의 말씀 안에서 누리는 교제의 축복을 표현하는 어구에 파란색 색연필로 밑줄을 그으십시오.

시편 133:1-3

1보라 형제가 연합하여 동거함이 어찌 그리 선하고 아름다운고
2머리에 있는 보배로운 기름이 수염 곧 아론의 수염에 흘러서 그
의 옷깃까지 내림 같고
3헐몬의 이슬이 시온의 산들에 내림 같도다 거기서 여호와께서
복을 명령하셨나니 곧 영생이로다

요한일서 1:1-3

1태초부터 있는 생명의 말씀에 관하여는 우리가 들은 바요 눈으
로 본 바요 자세히 보고 우리의 손으로 만진 바라
2이 생명이 나타내신 바 된지라 이 영원한 생명을 우리가 보았고
증언하여 너희에게 전하노니 이는 아버지와 함께 계시다가 우
리에게 나타내신 바 된 이시니라
3우리가 보고 들은 바를 너희에게도 전함은 너희로 우리와 사귐
이 있게 하려 함이니 우리의 사귐은 아버지와 그의 아들 예수 그
리스도와 더불어 누림이라

요한일서 1:6-7

6만일 우리가 하나님과 사귐이 있다 하고 어둠에 행하면 거짓말

을 하고 진리를 행하지 아니함이거니와
7그가 빛 가운데 계신 것 같이 우리도 빛 가운데 행하면 우리가
서로 사귐이 있고 그 아들 예수의 피가 우리를 모든 죄에서 깨끗
하게 하실 것이요

요한복음 17:16-17
16내가 세상에 속하지 아니함 같이 그들도 세상에 속하지 아니하
였사옵나이다
17그들을 진리로 거룩하게 하옵소서 아버지의 말씀은 진리니이다

1. 말씀 체험의 배가

혼자 말씀을 묵상할 때는 내가 느끼고 깨닫고 적용한 영역에 나의 말씀 체험이 한정되게 됩니다. 하지만 그룹으로 모여서 나누다 보면 참여한 사람들 숫자만큼 말씀 체험을 공유하게 됩니다. 그리고 성경 말씀을 다양한 시각에서 해석하고 적용하는 모습을 보게 됩니다. 이때 우리는 미처 발견하지 못했던 진리를 깨닫게 됩니다.

2. 영적 · 인격적 관계의 심화

교회 안에서 스치는 수많은 만남은 교회 사역과 업무상의 만남, 또는 피상적인 만남으로 그칠 때가 종종 있습니다. 하지만 큐티 나눔으로 이루어진 만남은 하나님의 말씀 안에서 진솔하게 자신의 내면을 고백하기 때문에 영

혼 대 영혼의 심도 있는 만남으로 발전하게 됩니다. 즉, 큐티 안에서의 만남은 결코 피상적인 만남으로 그칠 수가 없습니다.

3. 지속적으로 큐티하는 동인(動因)

혼자 큐티를 하다 보면 여러 가지 장애가 생겨 쉽게 중단하곤 합니다. 하지만 매주 정기적으로 큐티 나눔을 하게 되면, 큐티하는 습관을 가지게 되어 각자의 삶에 말씀의 은혜가 뿌리내려집니다.

4. 교회 공동체의 영적 성숙

교회 내에서 큐티 나눔이 활발해지면 성도들의 영적 수준이 성숙해지고 세속적 언행들이 줄어듭니다. 하나님과 교회에 대한 관심도 높아지고 헌신의 기쁨도 누리게 됩니다. 또한 하나님께서 교회에 주신 영적 사명에 모든 성도가 민감하게 반응하고 순종하게 됩니다. 그리하여 교회 공동체의 영성이 강화되는 축복을 누리게 됩니다.

D. 큐티 나눔의 실체

1. 진행 지침

1) 인도자

인도자는 가르치는 선생님이라기보다 나눔을 촉진하는 격려자입니다. 나눔의 전문가라기보다 겸손하게 섬기는 사회자요, 가장 열심히 큐티를 실행하는 자여야 합니다. 일반적으로 교회에서 구역(목장, 셀)을 인도하는 구역장이 큐티를 꾸준히 하는 경우, 큐티 나눔의 인도자 역할을 할 수 있습니다. 단, 나눔에 대한 충분한 훈련과 안내가 필요합니다.

2) 여건(상황)

일정한 시간과 장소를 정할 필요가 있습니다. 시간과 장소가 자주 바뀌면 참여자들이 혼란을 느껴서 참여율이 떨어질 수 있습니다. 참여자는 4-7명이 바람직합니다.

2. 진행 순서

1) 찬양과 기도

① 본문의 주제를 다루는 찬양을 3-4곡 부른다.

② 찬양에 은사가 있는 자가 있을 경우, 찬양 준비를 부탁할 수 있다.

③ 기도할 자를 미리 정할 수 있고, 함께 나눔방을 위해 합심기도 또는 통성기도를 할 수 있다.

2) 개인 큐티 점검

① 큐티 나눔이 활발하게 진행되기 위해서는 각각의 참여자가 나눔방에 오기 전에 큐티를 열심히 해 오는 것이 필수조건이며, 선행사항이다. 시작하면서 지난 한 주 큐티를 어떻게 했는지, 그리고 가장 은혜받은 본문과 내용은 무엇이었는지 순서대로 나누면서 개인 큐티 점검의 시간을 갖는다.

② 주 단위로 모일 경우, 큐티 나눔방에서 일주일 중 하루분(예: '큐티 안내지' 화요일 해당 본문, 『묵상하는 사람들』 화요일 해당 본문 등)을 미리 정해서 집중적으로 나누도록 한다.

③ 1-2명씩 순번을 정해서 매주 돌아가며 큐티 발표를 한다. 다음 주 큐티 발표자는 미리 발표 준비를 해 온다.

3) 읽기와 내용 파악

① 참여자가 함께 나눔방에서 나눌 큐티의 성경 본문을 읽는다.

② 인도자가 본문 전체의 내용에 대해 질문을 던짐으로써 본문을 파악하도록 돕는다.

③ 인도자가 본문 전체의 내용을 요약 설명한다.

④ 인도자는 참여자 모두가 본문 내용을 충분히 이해했는지 확인한다.

⑤ 인도자는 참여자 중 한 명이 본문 내용을 설명하도록 요청할 수 있다.

4) 나눔의 진행

① 인도자는 본문을 관찰하면서 깨달을 수 있는 질문들을 육하원칙에 따라 질문한다.

② 해석상 의견이 있을 만한 내용은 질문과 설명을 병행하여 함께 깨닫도록 돕는다.

③ 본문에서 가장 깊이 감동한 말씀은 무엇인지 나눈다.

④ 본문에서 함께 적용하고자 하는 말씀이 있다면 서로 나눌 것을 촉구한다.

⑤ 인도자는 참여자들이 마음속에서 깨닫고 느끼고 적용한 바를 표현하도록 좋은 질문을 다양하게 준비한다.

※ 주의해야 할 점

ⓐ 인도자는 자신이 많이 가르치거나 설명하지 않도록 최대한 자제한다. 인도자는 참여자가 활발히 나눌 수 있도록 환경을 조성한다.

ⓑ 한 사람이 필요 이상으로 신앙적 소견이나 자신의 견해를 나눌 때는 지혜롭게 개입해서 마무리 짓는다. 예컨대 "지금 말씀하신 내용은 여기까지 나누어 주시고 나머지는 모임이 끝난 후에 참고로 듣겠습니다. 이제 다음 사람이 나누어 주시겠습니까?"라고 유도한다.

ⓒ 나눔에 참여하지 않고 침묵으로 일관하는 사람에게는 침묵할 자유를 주고 무리하게 참여를 강요하지 않는다.

ⓓ 인도자는 모든 참여자가 골고루 나눔에 참여하도록 기회를 적절하게 제공한다.

ⓔ 인도자는 나눔과 발표가 본문의 내용과 주제에 집중되도록 돕는다. 그러기 위해서는 본문 이외의 사항을 다루거나 지극히 개인적인 관심사로 치우치지 않도록 해야 한다.

ⓕ 인도자는 관찰, 해석, 적용에 대한 다양한 질문을 준비해서 참여자가 함께 생각하고 사고할 수 있도록 적절하게 유도한다.

5) 마무리

① 핵심 적용 주제를 확인한다.

② 서로의 기도제목을 나눈다.

③ 모두가 합심해서 기도하고 마친다.

E. 나눔을 위한 질문

1. 큐티를 나눌 때 어떤 축복이 있습니까?

2. '큐티 나눔'을 구체적으로 진행하는 순서를 표현해 보십시오.

3. '큐티 나눔'의 인도자로서 주의해야 할 점은 무엇입니까?

F. 나눔방 시현

1. 요한복음 1:43-51 본문으로 큐티하셨나요?

2. 오늘 여기에서 이 본문으로 40분 정도 큐티 나눔을 해 보도록 하겠습니다.

3. 나눔방을 실제로 진행해 주세요.

G. 오늘은 『프리셉트 큐티 학교』 마지막 날입니다. 그동안 수고하셨습니다. 지금까지 배운 대로 계속 큐티하는 삶이 이어지도록 함께 기도제목을 나누어 주십시오. 서로를 위해 간절히 기도하는 시간을 가지고 마치겠습니다.

주의 율례들을 즐거워하며 주의 말씀을 잊지 아니하리이다

〈시편 119:16〉

34나로 하여금 깨닫게 하여 주소서 내가 주의 법을 준행하며 전심으로
지키리이다
35나로 하여금 주의 계명들의 길로 행하게 하소서 내가 이를 즐거워함
이니이다 〈시편 119:34-35〉

또 내가 사랑하는 주의 계명들을 향하여 내 손을 들고 주의 율례들을 작은 소리로 읊조리리이다 〈시편 119:48〉

부록

묵상하는 사람들 I

생명과 빛 되신 그리스도

오늘의 말씀: 요한복음 1:1–18 찬송가: 201장(구 240장)

중심 단어

말씀, 생명, 빛, 예수 그리스도

주제별 목록 작성

예수 그리스도

1절: 태초에 계신 자/ 하나님과 함께 계신 자

3절: 만물을 창조하신 자

4절: 그 안에 생명이 있으신 자

14절: 말씀이 육신이 되어 우리 가운데 거하신 자/ 영광을 보여 주시는 자/ 은혜와 진리가 충만하신 자

15절: 요한이 증언한 자/ 요한의 뒤에 오셨지만 요한보다 먼저 계신 자

18절 하나님 아버지 품 속에 계시던 자/ 하나님을 나타내시는 독생자 하나님

도움말

1. **참 빛(9절)**: 헬라어로는 '알레디노스'이다. '진정한, 순전한'이라고 할 수 있다. 주 예수 그리스도의 빛은 불완전한 다른 모든 빛과는 다른 진정한 빛이다.
2. **영접하는 자 곧 그 이름을 믿는 자(12절)**: '이름'은 히브리 문학에서 그 인물(또는 물건)의 본성이나 성격을 나타내는 모든 요소를 가리킨다. 즉, 예수 그리스도의 이름을 믿는다는 것은 그의 존재와 그분이 하신 일을 믿는 것을 말한다.

생명과 빛 되신 그리스도

그리스도께서 세상이 창조되기 전에 하나님과 함께 계셨다는 선언은 예수님의 영원성과 신성 그리고 하나님과의 친밀한 관계성을 잘 보여 줍니다(1–3절). 말씀 안에 생명과 빛이 있다는 것은 예수 그리스도만이 본질적으로 피조물의 "생명"과 "빛"이 되심을 의미합니다(4절). 예수 그리스도께서 성육신하여 인간 역사에 들어오심으로 세상에는 소망의 빛이 비추어졌습니다(9절). 그러나 그 빛이 타락한 인간들의 죄악을 드러내자 사람들은 그를 알아보지 못하고 십자가에 못 박았습니다. 그리고 빛 앞에 여지없이 드러나는 자신들의 죄를 합리화하기 위해 영광의 주님을 인정하지도, 영접하지도 않았습니다(10–11절).

은혜와 진리 되신 그리스도

예수 그리스도 안에 나타난 하나님의 영광은 "은혜와 진리"(14절)였습니다. 은혜는 인간에게 값없이 베푸시는 하나님의 자비와 사랑이고, 진리는 그의 언약에 충실하신 하나님의 성품이며 그리스도 자신입니다. 율법 아래에서는 행위에 따라 축복이 주어지지만, 은혜 아래에서는 값없는 선물로 축복이 주어집니다. 이 은혜와 진리는 오직 예수 그리스도로 말미암아 오는 것입니다(17절). 왜냐하면 은혜와 진리가 예수님 자신이시기 때문입니다. 하나님은 인간에 대한 사랑과 신령한 복을 그의 '독생자'를 통해 보여 주셨습니다(18절). 하나님의 깊은 본성을 본 사람은 아무도 없지만, 우리는 예수 그리스도를 통해 그 깊은 본성을 볼 수 있습니다.

오늘의 감사기도

1태초에 말씀이 계시니라 이 말씀이 하나님과 함께 계셨으
니 이 말씀은 곧 하나님이시니라 2그가 태초에 하나님과 함
께 계셨고 3만물이 그로 말미암아 지은 바 되었으니 지은
것이 하나도 그가 없이는 된 것이 없느니라 4그 안에 생명
이 있었으니 이 생명은 사람들의 빛이라 5빛이 어둠에 비치
되 어둠이 깨닫지 못하더라 6하나님께로부터 보내심을 받
은 사람이 있으니 그의 이름은 요한이라 7그가 증언하러 왔
으니 곧 빛에 대하여 증언하고 모든 사람이 자기로 말미암
아 믿게 하려 함이라 8그는 이 빛이 아니요 이 빛에 대하여
증언하러 온 자라 9참 빛 곧 세상에 와서 각 사람에게 비추
는 빛이 있었나니 10그가 세상에 계셨으며 세상은 그로 말
미암아 지은 바 되었으되 세상이 그를 알지 못하였고 11자
기 땅에 오매 자기 백성이 영접하지 아니하였으나 12영접하
는 자 곧 그 이름을 믿는 자들에게는 하나님의 자녀가 되는
권세를 주셨으니 13이는 혈통으로나 육정으로나 사람의 뜻
으로 나지 아니하고 오직 하나님께로부터 난 자들이니라
14말씀이 육신이 되어 우리 가운데 거하시매 우리가 그의
영광을 보니 아버지의 독생자의 영광이요 은혜와 진리가
충만하더라 15요한이 그에 대하여 증언하여 외쳐 이르되 내
가 전에 말하기를 내 뒤에 오시는 이가 나보다 앞선 것은
나보다 먼저 계심이라 한 것이 이 사람을 가리킴이라 하니
라 16우리가 다 그의 충만한 데서 받으니 은혜 위에 은혜러
라 17율법은 모세로 말미암아 주어진 것이요 은혜와 진리는
예수 그리스도로 말미암아 온 것이라 18본래 하나님을 본
사람이 없으되 아버지 품 속에 있는 독생하신 하나님이 나
타내셨느니라

본문 관찰

1. 본문에서 예수 그리스도에 대한 내용을 살펴보십시오(주제별 목록 작성 참조).

2. 어떻게 해야 하나님의 자녀가 될 수 있습니까(12-13절)?

3. 본문의 하나님은 어떤 분이십니까?

깊은 묵상

1. 예수님을 영접한 사람의 삶은 어떠해야 합니까? 입술로만 고백하고 삶으로는 따르지 않는 사람이 예수님을 영접했다고 볼 수 있습니까?

2. 말씀 속에 나타난 예수 그리스도의 은혜와 진리를 묵상해 보십시오.

3. 오늘 여러분에게 주시는 특별한 말씀(깨달은 점, 느낀 점, 적용점 등)은 무엇입니까?

묵상하는 사람들 Ⅱ

광야에서 외치는 자의 소리

오늘의 말씀: 요한복음 1:19-27 찬송가: 288장(구 204장)

중심 단어

요한의 증언, 그리스도, 광야, 소리

주제별 목록 작성

세례 요한
20절: 그리스도가 아님
21절: 엘리야도 아님/ 선지자도 아님
23절: 광야에서 외치는 자의 소리
26절: 물로 세례를 베푸는 자

도움말

1. **그러면 누구냐(21절):** 요한의 직분을 따지는 것이다. 엘리야는 말라기의 예언(말 4:5)에서 그리스도의 길을 예비하는 자로 기록되어 있다. 그러므로 말라기에서 예언된 엘리야는 요한을 가리키는 것이 맞았으나, 요한이 부인한 이유는 구약의 엘리야 선지자가 다시 돌아오는 것을 의미한다고 보았던 유대인들의 잘못된 생각 때문이었다.
2. **세례(25절):** 헬라어로는 '밥티조'라는 말로 '잠그다'라는 뜻이다. 신약에 와서 '씻긴다' 혹은 '씻는다'로 자주 사용되었다. 그러나 세례를 받기 때문에 죄가 씻기는 것이 아니라 예수의 피로 우리의 죄가 씻겨지는 것(딛 3:5)이다.

겸손한 증거

광야에 외치는 자의 소리가 있었습니다. 그 소리는 "주의 길을 곧게 하라"는 것이었습니다(23절). 이스라엘 백성들은 로마의 속국이라는 굴레 때문에 참다운 예배의 기쁨을 잃어버린 채 냉랭한 상태에 빠져 있었습니다. 이러한 그들에게 광야에서 외치는 소리는 그들의 삶과 영혼을 근원적으로 회복시켜 줄 구세주가 오실 것임을 알리는 진리의 외침이었습니다. 그러나 바리새인들은 제사장과 레위인 조사단을 보내어 요한의 정체에 대해 조사합니다. 세례 요한은 그들을 향하여 솔직한 태도로 '나는 그리스도도 아니요 엘리야도 아니요 선지자도 아니라'고 자신의 신분을 밝혔습니다(20-23절). 그리고 자신은 뒤에 오시는 예수 그리스도의 신발끈을 푸는 것조차도 감당하지 못할 자라며 종으로서의 겸손함을 나타냈습니다(26-27절).

그리스도 예수를 증거함

광야에서 고독하게 그리스도의 길을 예비하던 요한에게는 하나님께로부터 주어진 권위와 권능이 있었습니다. 자신의 영광을 취할 수도 있었던 그가 끝까지 흔들림 없이 자신의 직무에 충실할 수 있었던 이유는 무엇입니까? 그것은 자신을 잊고 하나님께서 요구하신 것을 바라보았기 때문입니다. 우리의 자기 과신과 높아지기 원하는 마음 때문에 우리를 통해 나타내고자 하시는 하나님의 영광이 빛을 발하지 못하고, 그리스도의 사역도 효과적으로 감당하지 못하는 경우가 있습니다. 세속적인 가치관과 인간적인 명예 그리고 야망에 대한 추구 등 우리의 관심이 개인적인 것에 머물러 있는 한 그리스도의 증거 사역은 이루어지지 않습니다.

오늘의 감사기도

19유대인들이 예루살렘에서 제사장들과 레위인들을 요한에
게 보내어 네가 누구냐 물을 때에 요한의 증언이 이러하니
라 20요한이 드러내어 말하고 숨기지 아니하니 드러내어 하
는 말이 나는 그리스도가 아니라 한대 21또 묻되 그러면 누
구냐 네가 엘리야냐 이르되 나는 아니라 또 묻되 네가 그
선지자냐 대답하되 아니라 22또 말하되 누구냐 우리를 보낸
이들에게 대답하게 하라 너는 네게 대하여 무엇이라 하느
냐 23이르되 나는 선지자 이사야의 말과 같이 주의 길을 곧
게 하라고 광야에서 외치는 자의 소리로라 하니라 24그들은
바리새인들이 보낸 자라 25또 물어 이르되 네가 만일 그리
스도도 아니요 엘리야도 아니요 그 선지자도 아닐진대 어
찌하여 세례를 베푸느냐 26요한이 대답하되 나는 물로 세례
를 베풀거니와 너희 가운데 너희가 알지 못하는 한 사람이
섰으니 27곧 내 뒤에 오시는 그이라 나는 그의 신발끈을 풀
기도 감당하지 못하겠노라 하더라

본문 관찰

1. 본문에서 세례 요한에 대한 내용을 살펴보십시오(주제별 목록 작성 참조).

2. 요한은 세례를 주는 자신의 정체가 무엇인지를 묻는 바리새인들에게 어떻게 대답합니까(24-27절)?

3. 본문의 하나님은 어떤 분이십니까?

깊은 묵상

1. 여러분은 요한처럼 신실하게 그리스도를 선포합니까, 아니면 자신이 더 인정받기 위해 그리스도를 이용합니까?

2. 여러분이 증거하고 싶은 그리스도는 어떤 분이십니까?

3. 오늘 여러분에게 주시는 특별한 말씀(깨달은 점, 느낀 점, 적용점 등)은 무엇입니까?

성령의 감동으로 인한 고백

오늘의 말씀: 요한복음 1:28-34 찬송가: 185장(구 179장)

중심 단어

세례, 성령, 하나님의 아들

주제별 목록 작성

예수 그리스도

29절: 세상 죄를 지고 가는 하나님의 어린 양

31절: 요한이 이스라엘에게 나타내려는 자

32절: 성령이 비둘기 같이 하늘에서 내려와서 그의 위에 머무름

33절: 성령으로 세례를 베푸는 이

34절: 하나님의 아들이심을 요한이 증언한 자

도움말

1. **하나님의 어린 양(29절):** 하나님께서 친히 인류의 속죄 제물로 준비하신 존재. 곧 예수 그리스도를 가리킨다(사 53:7).
2. **나도 그를 알지 못하였으나(33절):** 세례 요한이 다른 사람들보다 탁월하지 않다는 것을 나타낸다. 예수를 아는 길은 성령의 역사밖에 없다.

성령의 역사

요한은 하나님의 명령을 들었습니다. 그것은 "성령이 내려서 누구 위에든지 머무는 것을 보거든 그가 곧 성령으로 세례를 베푸는 이인 줄 알라"는 것이었습니다(33절). 요한은 성령이 비둘기 같이 내려서 예수님의 머리 위에 머무는 것을 보았습니다. 하나님께서 요한에게 하나님의 비밀을 열어 보이신 사건입니다. 요한은 성령님의 감화와 하나님의 명령을 따라 그리스도에 대해 말했습니다. 이 때문에 그는 예수님께서 자신에게 세례받으러 오실 때 확신에 찬 목소리로, "보라 세상 죄를 지고 가는 하나님의 어린 양이로다"(29절)라고 말할 수 있었던 것입니다.

성령의 확증

비둘기는 인간이 파악할 수 있는 방법으로 성령을 보여 주시기 위한 하나의 상징입니다. 성령님은 우리가 분별할 수 있는 방법으로 행하셔서 우리를 무지에서 앎으로 인도하시며 은혜의 자리로 초대하십니다. 성령님은 우리의 깨달음과 확신을 위해 보내심을 받으셨습니다(33절). 그러므로 우리가 하나님의 뜻을 분별하는 데 있어서 진리에 기초하지 않는다면 혼란만 더할 뿐입니다. 그리스도의 주 되심은 성령님께서 알게 해 주시는 것입니다. 또한 성령님은 우리가 그리스도인의 모습으로 어떻게 살아야 할지를 알려 주십니다. 우리는 진리 안에 거하기 위해 성령님의 도우심을 간구해야 합니다. 하나님은 모든 충만한 은사가 그리스도 안에 있음을 깨닫게 하시기 위해 성령으로 역사하십니다.

오늘의 감사기도

28이 일은 요한이 세례 베풀던 곳 요단 강 건너편 베다니에
서 일어난 일이니라 29이튿날 요한이 예수께서 자기에게 나
아오심을 보고 이르되 보라 세상 죄를 지고 가는 하나님의
어린 양이로다 30내가 전에 말하기를 내 뒤에 오는 사람이
있는데 나보다 앞선 것은 그가 나보다 먼저 계심이라 한 것
이 이 사람을 가리킴이라 31나도 그를 알지 못하였으나 내
가 와서 물로 세례를 베푸는 것은 그를 이스라엘에 나타내
려 함이라 하니라 32요한이 또 증언하여 이르되 내가 보매
성령이 비둘기 같이 하늘로부터 내려와서 그의 위에 머물렀
더라 33나도 그를 알지 못하였으나 나를 보내어 물로 세례
를 베풀라 하신 그이가 나에게 말씀하시되 성령이 내려서
누구 위에든지 머무는 것을 보거든 그가 곧 성령으로 세례
를 베푸는 이인 줄 알라 하셨기에 34내가 보고 그가 하나님
의 아들이심을 증언하였노라 하니라

본문 관찰

1. 본문에서 세례 요한이 예수 그리스도에 대해 언급한 내용을 살펴보십시오(주제별 목록 작성 참조).

2. 세례 요한이 예수님에 대해 확신에 찬 증거를 할 수 있었던 이유는 무엇입니까(32-33절)?

3. 본문의 하나님은 어떤 분이십니까?

깊은 묵상

1. 여러분에게 예수 그리스도에 대하여 성령님께서 깨닫게 하신 것은 무엇입니까?

2. 여러분은 매일의 삶 속에서 성령님께서 깨닫게 하시는 것을 잘 분별하며 듣고 있는지 점검해 보십시오.

3. 오늘 여러분에게 주시는 특별한 말씀(깨달은 점, 느낀 점, 적용점 등)은 무엇입니까?

예수를 찾는 이유

오늘의 말씀: 요한복음 1:35-42 찬송가: 446장(구 500장)

중심 단어

시몬, 안드레, 메시야, 게바

주제별 목록 작성

두 제자

35절: 요한의 제자 중 두 사람
37절: 요한의 증언을 듣고 예수님을 따름
38절: 무엇을 구하느냐는 예수님의 물음에 예수님이 계신 곳을 물음
39절: 예수님께서 계신 곳에서 함께 거함
40절: 한 사람의 이름은 시몬 베드로의 형제 안드레임
41절: 형제 시몬에게 메시야를 만났음을 증거함
42절: 시몬을 데리고 예수께로 옴

도움말

1. **열 시(39절):** 지금의 오후 4시에 해당하며, 손님을 만찬에 초청하는 시간이다.
2. **게바(42절):** 게바를 번역한 헬라어 '베드로'는 '반석'이라는 뜻이다. 주님은 한 어부의 마음속을 깊이 응시하시고, 그가 장차 교회의 반석이 될 것을 예언하셨다.

예수 그리스도와의 감격적인 만남

예수님께서 "무엇을 구하느냐?"라고 물으셨을 때 요한의 제자들은 '무엇'을 구한 것이 아니라 예수님의 거처를 알기 원했습니다(38절). 예수님을 알기 원했던 그들의 열망과 노력은 마침내 예수 그리스도를 알게 되는 감격적인 결과로 나타났고, 그것은 곧 복음 전파로 이어졌습니다(41절). 이제 예수님을 따르게 된 안드레는 그의 형제 시몬 베드로를 찾아가 메시야를 만난 경이로움과 기쁨을 전하며 그를 예수님께로 이끌었습니다. 이미 시몬을 알고 계셨던 주님은 시몬에게 장차 "게바(반석)라 하리라"고 하시며 새 이름을 주셨습니다. 이는 그가 새로운 사명을 받게 될 것을 예고합니다.

그리스도와 함께함을 구함

예수님께서 어디에 머무시는지, 그를 어디에서 찾을 수 있는지 아는 것보다 더 중요한 일은 없습니다. 그와 함께 거하는 자, 그와의 사귐을 기뻐하는 자에게 그리스도는 자신의 비밀을 계시해 주십니다. 진정한 제자는 스승과의 오랜 교제를 통해 깨달음과 실천할 수 있는 힘을 얻습니다. 예수 그리스도를 좇는 목적이 자신의 문제 해결이나 명예, 혹은 권력이나 부를 추구하기 위한 것이라면, 분명 그리스도와 함께 거하는 삶에 만족하지 못할 것입니다. 그리스도를 가장 귀히 여기고 그를 기뻐하는 자에게 하나님 나라의 영광스러운 직무가 주어진다는 것을 기억해야 합니다.

오늘의 감사기도

35또 이튿날 요한이 자기 제자 중 두 사람과 함께 섰다가
36예수께서 거니심을 보고 말하되 보라 하나님의 어린 양이
로다 37두 제자가 그의 말을 듣고 예수를 따르거늘 38예수께
서 돌이켜 그 따르는 것을 보시고 물어 이르시되 무엇을 구
하느냐 이르되 랍비여 어디 계시오니이까 하니 (랍비는 번
역하면 선생이라) 39예수께서 이르시되 와서 보라 그러므로
그들이 가서 계신 데를 보고 그날 함께 거하니 때가 열 시
쯤 되었더라 40요한의 말을 듣고 예수를 따르는 두 사람 중
의 하나는 시몬 베드로의 형제 안드레라 41그가 먼저 자기
의 형제 시몬을 찾아 말하되 우리가 메시야를 만났다 하고
(메시야는 번역하면 그리스도라) 42데리고 예수께로 오니
예수께서 보시고 이르시되 네가 요한의 아들 시몬이니 장
차 게바라 하리라 하시니라 (게바는 번역하면 베드로라)

본문 관찰

1. 본문에서 요한의 제자 중 두 사람에 대한 내용을 살펴보십시오(주제별 목록 작성 참조).

2. 두 제자가 예수님이 메시야이신 것을 알게 된 결정적인 계기는 무엇입니까(38-39절)?

3. 본문의 하나님은 어떤 분이십니까?

깊은 묵상

1. 예수님은 시몬에게 새로운 이름과 그에 따른 새로운 사명을 주셨습니다. 예수님께서 여러분에게 주신 사명은 무엇인지 생각해 보십시오.

2. 여러분이 진정한 그리스도의 제자가 되기 위해 결단해야 할 것들은 무엇입니까?

3. 오늘 여러분에게 주시는 특별한 말씀(깨달은 점, 느낀 점, 적용점 등)은 무엇입니까?

빌립과 나다나엘을 부르심

오늘의 말씀: 요한복음 1:43-51 찬송가: 461장(구 519장)

중심 단어

예수, 빌립, 나다나엘

주제별 목록 작성

예수 그리스도

43절: 갈릴리로 나가심/ 빌립을 제자로 부르심

45절: 율법에 기록된 분/ 선지자들이 기록한 분/ 요셉의 아들/ 나사렛 사람

47절: 사람의 깊은 속까지 아시는 분

49절: 하나님의 아들/ 이스라엘의 임금

51절: 나다나엘에게 예언하신 분/ 인자

도움말

1. **나를 따르라(43절):** '나를 따라 오너라'와 '나를 본받으라'는 의미가 동시에 들어 있다.
2. **나사렛에서 무슨 선한 것이 날 수 있느냐(46절):** '갈릴리에서 선지자가 나지 못하리라'(요 7:41, 52)는 것은 그 당시의 전통적인 생각이었고, 모든 갈릴리 사람들은 그들의 교양 부족과 방언과 이방인과의 교제 때문에 멸시당하고 있었다. 나사렛은 갈릴리의 한 촌으로 다른 고을보다 사정이 더 좋지 않았던 것으로 추정된다.

직접 와서 그분을 만나 보라

빌립은 나다나엘을 만나 율법책에 기록된 그리스도를 설명해 보려고 했지만 '비천한 지역인 나사렛에서 선한 것이 나올 수 없다'는 나다나엘의 선입견에 부딪히게 됩니다(46절). 그러나 빌립은 나다나엘을 초청하여 그로 하여금 예수님을 직접 만나보게 했습니다. 뭇 사람의 마음을 꿰뚫어 보시는 주님은 나다나엘의 진실성을 보시고 그가 참이스라엘 사람이라고 말씀하셨습니다(47절). 나다나엘이 그곳에서 무엇을 하고 있었는지 정확히 나타나 있지는 않지만 예수님께서 무화과나무 아래에 있었던 자신을 이미 보고 계셨던 것을 알게 되자 곧 주님이 하나님의 아들이요, 이스라엘의 임금이심을 고백합니다(48-49절).

조용히 주님께 나아가라

만약 우리가 주님의 불꽃 같은 눈동자 앞에 선다면, 우리의 폐부까지 살피시고 마음속을 모두 꿰뚫어 보시는 주님 앞에 엎드러질 수밖에 없을 것입니다. 주님 앞에서는 감추어진 모든 것이 드러나고 정확하게 판단받습니다. 주님은 나다나엘의 무화과나무 아래에서의 은밀한 모습까지도 모두 알고 계셨습니다. 이처럼 주님은 우리의 묵상과 은밀한 기도의 내용까지 보시며 그것을 기억해 주십니다. 또한 우리의 소망, 기다림, 고민 등 그 모든 해답의 열쇠를 가지고 계십니다. 예수님께서 부르시는 자리로 나아가기만 하면 우리는 자신의 한계를 뛰어넘어 하나님의 큰일에 참여하게 될 것입니다.

오늘의 감사기도

43이튿날 예수께서 갈릴리로 나가려 하시다가 빌립을 만
나 이르시되 나를 따르라 하시니 44빌립은 안드레와 베드로
와 한 동네 벳새다 사람이라 45빌립이 나다나엘을 찾아 이
르되 모세가 율법에 기록하였고 여러 선지자가 기록한 그
이를 우리가 만났으니 요셉의 아들 나사렛 예수니라 46나다
나엘이 이르되 나사렛에서 무슨 선한 것이 날 수 있느냐 빌
립이 이르되 와서 보라 하니라 47예수께서 나다나엘이 자기
에게 오는 것을 보시고 그를 가리켜 이르시되 보라 이는 참
으로 이스라엘 사람이라 그 속에 간사한 것이 없도다 48나
다나엘이 이르되 어떻게 나를 아시나이까 예수께서 대답하
여 이르시되 빌립이 너를 부르기 전에 네가 무화과나무 아
래에 있을 때에 보았노라 49나다나엘이 대답하되 랍비여 당
신은 하나님의 아들이시요 당신은 이스라엘의 임금이로소
이다 50예수께서 대답하여 이르시되 내가 너를 무화과나무
아래에서 보았다 하므로 믿느냐 이보다 더 큰 일을 보리라
51또 이르시되 진실로 진실로 너희에게 이르노니 하늘이 열
리고 하나님의 사자들이 인자 위에 오르락 내리락 하는 것
을 보리라 하시니라

본문 관찰

1. 본문에서 예수 그리스도를 언급한 내용을 살펴보십시오(주제별 목록 작성 참조).

2. 빌립은 나다나엘을 어떻게 전도했습니까(45-46절)?

3. 본문의 하나님은 어떤 분이십니까?

깊은 묵상

1. 여러분이 버려야 할 신앙의 선입견은 무엇입니까?

2. 여러분이 전도하고 싶은 사람의 이름을 적어 보고, 그를 위해 기도할 제목을 생각해 보십시오.

3. 오늘 여러분에게 주시는 특별한 말씀(깨달은 점, 느낀 점, 적용점 등)은 무엇입니까?

:: 해답지

1과 큐티(경건의 시간)란 무엇일까요?

B. 큐티란?

1. 1) 말씀 2) 사귐 3) 기도 4) 마음 5) 행

E. 나눔을 위한 질문

1. 2) 사귐 4) 마음

2과 큐티는 왜 해야 할까요?

B. 큐티의 유익

1. 1) 등, 빛 2) 빛
2. 자랄지라, 자라 가라
4. 즐거워하여, 묵상하는도다, 즐거워하며
5. 즐거워함이니이다, 만족할 것이라

D. 나눔을 위한 질문

1. 1) 하나님의 인도 2) 자라게 3) 풍성한 교제 4) 권세와 능력, 영적 생명력 5) 영혼의 기쁨, 풍성한 삶
2. 2) 말씀 읽기

3과 성경은 어떤 책일까요?

B. 성경은 어떤 책일까요?

1. 66

2. 40

3. 하나님, 내, 증언

4. 일점 일획

5. 지혜, 교육

C. 귀납적 성경연구 방법

2. 1) 관찰

D. 나눔을 위한 질문

3과 내용을 살펴보시기 바랍니다.

4과 성경을 어떻게 관찰할까요?

B. 중심 단어 선정과 목록 작성

3. 2) 만물, 권세, 은혜, 진리

4. 2) 그리스도, 이사야

5. 2) 성령이 비둘기 같이 하늘로부터 내려와서 예수님 위에 머무름, 성령으로 세례를 베푸시는 분, 하나님의 아들이심을 요한이 증언한 분

C. 육하원칙

2. 1) ② 베다니

D. 본문에 등장하는 '삼위의 하나님' 관찰

3. 빛, 하나님의 자녀, 은혜, 진리

E. 나눔을 위한 질문

4과 내용을 살펴보시기 바랍니다.

5과 말씀을 어떻게 묵상하고 적용할 수 있을까요?

B. 말씀 묵상

2. 4) ① 하나님, 하나님, 말씀 ② 침묵 ③ 매일

E. 나눔을 위한 질문

2. 구체적 적용, 실현 가능한 적용, 개인적 적용

6과 큐티를 함께 나누려면 어떻게 해야 할까요?

E. 나눔을 위한 질문

6과 내용을 살펴보시기 바랍니다.

:: 각주

1과 큐티(경건의 시간)란 무엇일까요?

주1) 천만큐티운동본부, 『큐티 세미나: 중급반 교재』(서울: 두란노, 2011), p. 10 재인용.

주2) 국제제자훈련원 편집부, 『Disciple』, 2016년 9월호(통권 제205호), 국제제자훈련원, 2016, p. 42 재인용.

2과 큐티는 왜 해야 할까요?

주1) 오대희, 『큐티합시다』(서울: 프리셉트선교회, 2012), pp. 41-54.

주2) 문희곤, 『하나님의 음성을 듣는 것은 은사가 아닙니다』(경기: 예수전도단, 2009), p. 189 재인용.

주3) 케이 아더, 『효과적인 경건의 시간』(서울: 프리셉트선교회, 2010), p. 20.

3과 성경은 어떤 책일까요?

주1) 김병삼 외, 『프리셉트 구약 개관』(서울: 프리셉트선교회, 2001), p. 20 재인용.

주2) 오대희, 『경건에 이르는 연습』(서울: 프리셉트선교회, 2013), p. 39 재인용.

주제별 G.B.S. 시리즈

프리셉트 큐티 학교

지은이 | 김경섭

초판 1쇄 | 2016년 11월 30일

발행인 | 김경섭
국제총무 | 최복순
총무 | 김상현
기획국장 | 김현욱
서적부 | 양재성, 신충경
편집부 | 고유영(편집실장/편집), 김지혜, 허윤희, 유권지(디자인), 강한나(디자인)

발행처 | 묵상하는사람들
등록번호 | 20-333
일부총판 | 생명의말씀사 Tel. (02) 3159-7979 Fax. 080-022-8585

주소 | 서울시 동작구 사당로2가길 91(사당동) (우) 07028
전화 | (02) 588-2218 팩스 | (02) 588-2268
홈페이지 | www.precept.or.kr
국민은행 772-21-0310-382(김경섭)

값 5,000원
ISBN 978-89-8475-701-1 04230
978-89-8475-630-4 04230(세트)

독자 여러분의 의견을 기다립니다.
독자 전화 (02) 588-2218 / pmnqt@hanmail.net